LE LANGAGE DU CHAT

N. Magno

LE LANGAGE DU CHAT

De Vecchi

L'éditeur remercie Madame Mirella Rodriguez Lo Savio (affixe La Celsa) et les éleveurs de l'Association Nationale Féline Italienne et de la Cat Fanciers'Association pour les photographies qu'ils ont gentiment mises à notre disposition.

Projet graphique de la couverture : YES

Dessins de Michela Ameli et de Elena Ercole (pages 28, 29, 30, 57)

Les photos de l'intérieur sont de l'auteur, sauf indication contraire

Traduction de Sandrine Morel

Imprimé en Italie

Je souhaite exprimer ma profonde gratitude à tous ceux qui m'ont épaulée dans la réalisation de cet ouvrage, et ont su avec patience supporter mon caractère « original ». Je remercie particulièrement mes amis éleveurs et propriétaires de chats : Jessie Strike McClelland, Giuliana Naglia, Barbara Peroni, Patrizia Barozzi, Mauro Ferrari, Chiara Tassara Stella, Simona Bertoldo, Sabrina Santi, Piero Zermiani et les photographes Antonella et Pietro Paletti (Studio Fotografico Image, Brescia).
Mais je tiens à remercier plus spécialement tous mes chats, les chartreux de Re Desiderio, qui partagent ma vie depuis de nombreuses années : ils ont l'élégance et la délicatesse de tolérer mes défauts ; ils m'ont appris patiemment à comprendre leur langage, démontrant ainsi qu'ils avaient appris à décoder le mien depuis longtemps

Introduction

Je ne suis ni un ami ni un serviteur.
Je suis seulement Le Chat, vaquant sans cesse à ses affaires et se trouvant bien en tous lieux ; mais j'aurais grand plaisir à entrer moi aussi dans ta caverne.

Rudyard Kipling, *Just so Stories*, 1902

Dans la société occidentale contemporaine, on vit de plus en plus en célibataire, les couples font de moins en moins d'enfants et les personnes âgées sont de plus en plus nombreuses et seules ; en revanche, le phénomène des animaux de compagnie prend une telle importance et se développe tant que l'on ne peut plus l'ignorer.

L'animal domestique véhicule désormais autour de lui tout un monde (et un business), ce qui rend le phénomène significatif d'un point de vue sociologique. Il règne sur lui un tel investissement affectif et économique qu'il ne peut que mériter toute notre attention et notre intérêt. Même si notre mode de vie nous conduit à être en apparence plus égocentriques et solitaires, cela ne signifie pas pour autant que nous ne ressentons pas le besoin de donner et de recevoir de l'affection. De ce point de vue, le chat semble être (et les statistiques le confirment) l'animal idéal pour créer un rapport affectif. Le chat est peu exigeant : il s'adapte très bien à la vie dans un petit appartement en ville ; il entretient seul sa grande forme physique sans avoir à « être promené » ; il est naturellement propre (il n'a donc pas besoin de sorties quotidiennes pour assumer ses besoins physiologiques), il n'est ni bruyant ni dangereux et son entretien n'est pas particulièrement onéreux. On peut en outre en trouver un facilement. Toujours beau et élégant, il est affectueux sans être envahissant, il nous accepte tel que nous sommes sans nous juger ni nous critiquer ; il est suffisamment raffiné et snob pour que l'on se sente fier lorsqu'il nous consent toute son attention et ses effusions.

Le désir de prodiguer attention et affection à notre cher félin nous incite à dépenser de plus en plus de temps et d'argent pour lui donner la meilleure nourriture, les soins sanitaires les plus attentifs, les accessoires et les jouets les plus raffinés et les plus amusants.

On a tendance généralement à croire que les chats ne sont pas aussi problématiques que certains chiens : ils vivent facilement à la maison et ne sont pas particulièrement dangereux ; certains propriétaires peuvent alors être désagréablement surpris en voyant leur minou « mal se comporter » car ils ne sont pas du tout préparés à affronter ce genre de situation.

Or, les problèmes peuvent se présenter sous différentes formes : par exemple, que faire si le chat semble subitement fou et commence à attaquer son maître sans raison valable, en lui tendant des pièges et en se précipitant sur ses pieds ? Que faire si deux chats, amis à la vie à la mort, commencent à se haïr et se battent en emportant tout sur leur passage ? Que faire si le chat arrache tout son poil au point de sembler nu ou s'il commence à manger les vêtements ou le papier peint de la maison ? Le chat peut également laisser ses excréments n'importe où, griffer le mobilier, être destructeur ou miauler sans cesse.

Certains comportements indésirables peuvent nous sembler totalement incongrus dans leur contexte, mais être parfaitement normaux pour le chat ; d'autres sont véritablement anormaux et symptomatiques de maladies psychiatriques pour l'homme ; quoi qu'il en soit, il faut bien les connaître pour pouvoir les affronter au mieux.

Pour toutes ces raisons ce livre sera très utile pour nous guider dans cette première approche du langage de notre ami : il est une synthèse de ce que l'éthologie, la zoo-anthropologie et la psychologie ont mis au point pour définir les modalités de communication entre nous et le chat, entre le chat et ses congénères, entre le chat et les autres animaux. Si la littérature est très prolixe en la matière, cet ouvrage entend seulement apporter sa modeste contribution pour encourager les amoureux de leur chat à mieux les connaître et à développer avec eux une relation affectueuse, équilibrée et respectueuse.

Les origines du chat

LES ANCÊTRES

Le chat appartient à la famille des mammifères, animaux qui se distinguent des autres par leur capacité à réguler leur température corporelle, par leur corps recouvert de poils et le fait qu'ils allaitent leurs petits après la mise bas. Les premiers mammifères descendent des reptiles il y a environ 200 millions d'années, puis ils ont commencé à jouer un rôle dominant dans l'habitat terrestre il y a 70 millions d'années, en se subdivisant en de nombreuses et différentes familles.

Parmi les premiers groupes de carnivores-chasseurs, on distingue les *Miacis*, qui apparurent au cours de l'eocène, il y a environ 54 millions d'années. Leurs dimensions étaient semblables à celles de la belette : ils étaient couverts de poils, leur crâne était allongé, le corps agile, la denture forte, la queue longue et les pattes courtes. On pense qu'ils vivaient dans les arbres et chassaient les petits animaux. Comme les chats actuels, ils utilisaient leurs griffes rétractiles pour se battre, chasser, courir et grimper aux arbres. De ces premiers chasseurs, il y a environ 45-50 millions d'années, descendent deux lignées bien distinctes d'ancêtres des chats.

Dans la galerie de portraits des nobles ancêtres... un chartreux trône, digne, dans un fauteuil (Photo Studio Fotografico Image, Brescia)

Dans nos maisons vivent aussi de vrais petits lynx : le norvégien et le main coon ont des allures « sauvages » (Photo Rodriguez Lo Savio)

Une lignée, incluant les *Hoplophoneus*, est à l'origine du massif *Smilodon*, un incroyable chat préhistorique, qui a aujourd'hui complètement disparu. La seconde lignée, comprenant les *Dinictis*, est à l'origine de nombreuses espèces de chats plus petits, plus agiles et intelligents, que bien des chercheurs considèrent comme les ancêtres de toutes les espèces des chats actuels, y compris le chat domestique.

Les félidés se répandirent rapidement, en évoluant sous différentes formes, pour s'adapter aux différents habitats et chasser des espèces toujours nouvelles d'animaux. Les ancêtres des chats actuels sont contemporains des premiers félidés aujourd'hui disparus (le tigre aux dents de sabre, le lion des grottes européen, le grand tigre asiatique) : le fossile le plus ancien (*Felis lunensis*) remonte à douze millions d'années.

Il y a trois millions d'années de nombreux félidés étaient présents sur terre et subdivisés en plusieurs genres, bien plus qu'il n'y en a aujourd'hui : *Panthera* (comprenant de gros félidés comme les lions) ; *Felis* (les plus petits félidés, y compris les chats) ; *Neofelis* (léopard des neiges) ; *Acinonyx* (le seul guépard incapable de rétracter complètement ses griffes).

Les félidés avancent à pas feutrés, le corps agile et prompt ; ils chassent surtout dans l'obscurité, seuls (excepté le lion) et capturent des proies plus petites qu'eux en se servant surtout de leur vue et de leur ouïe, bien plus que de leur odorat. On compte actuellement sur terre 40 espèces de félidés, de différentes tailles, allant de 2 kg pour le chat de Singapour à 350 kg pour le tigre de Sibérie, mais ils ont tous une forme identique, déterminée par une même exigence : la prédation ; la technique est la même pour tous : approche et poursuite. Les grands félidés d'aujourd'hui (lions, tigres, jaguars, léopards, pumas, guépards) et les plus petits chats sauvages figurent parmi les animaux les plus féroces vivant dans la nature. Leurs techniques de chasse sont extrêmement précises, impitoyables et pratiquement parfaites. Les chats sauvages étaient très courants dans le monde entier, excepté

DONNÉES ESSENTIELLES

Genre :	*Felis*
Espèce :	*domesticus*
Famille :	félidés
Ordre :	carnivores
Sous-ordre :	fissipèdes
Classe :	mammifères
Longueur moyenne :	50 cm, plus 30 cm de queue
Hauteur moyenne :	30 cm
Poids moyen :	entre 2 et 5 kg (poids maximal 10-12 kg)
Température corporelle :	38,5 – 39 °C
Pulsations cardiaques :	110 à 140 à la minute
Durée de gestation :	entre 55 et 69 jours
Durée de l'allaitement :	2 mois
Maturité sexuelle :	à environ 6 mois
Longévité :	15 ans (avec des valeurs maximales de 8 et 20 ans)

Parmi les ancêtres des chats contemporains, les *Dinictis* vécurent il y a 40 millions d'années et leur taille était semblable à celle d'un lynx

La robe des chats domestiques ne comporte pas toujours les taches mimétiques des félins sauvages et peut présenter une couleur uniforme, comme cette chatte bleue (Photo Studio Fotografico Image, Brescia)

en Australie et en Antarctique, où leur migration fut empêchée par les barrières environnementales (la mer, le climat et l'altitude). Différentes espèces de félidés émigrèrent sur le continent américain avant la dérive des continents.
Les premières découvertes de restes d'animaux ressemblant au chat domestique ont été faites à Chypre, aux abords d'habitats humains remontant à il y a environ 6000 ans. Le chat domestique est une des espèces de félidés qui a développé le plus grand nombre de variétés à partir du chat sauvage, et ce notamment grâce à l'intervention de l'homme. Tandis que la robe des félins sauvages a évolué au niveau des couleurs et des taches de façon à se confondre avec le milieu extérieur, pour chasser ou pour se cacher des prédateurs, la robe des chats domestiques a été créée par l'homme à travers des croisements et des sélections. Puis, l'homme a contribué à répandre le chat dans le monde entier, y compris en Australie et à Madagascar.
Il existe différentes variétés de chat sauvage :
– en Europe : le chat sauvage européen (*Felis silvestris silvestris*), robuste et à la fourrure épaisse ;
– en Asie et en Inde : le chat sauvage du désert indien (*Felis silvestris ornata*) ;
– en Afrique : le chat sauvage africain (*Felis silvestris lybica*), domesticable.
Si on se réfère aux caractéristiques comme le poil, la couleur, la taille, le comportement et la répartition géographique, on peut penser que le chat domestique descend du *Felis lybica*, le chat sauvage africain, et, dans une moindre mesure, du *Felis silvestris*, le chat sauvage européen.

LE CHAT DANS L'ÉGYPTE ANCIENNE

La première trace de domestication du chat a été trouvée dans des vestiges de l'Égypte ancienne datables entre 1600 et 1500 avant Jésus-Christ. En Égypte, les chats furent proclamés animaux sacrés bien avant leur domestication (entre 2500 et 2200 avant Jésus-Christ), probablement en vertu de leur extraordinaire habileté à chasser les rongeurs, qui détruisaient les stocks de céréales. Ils furent ainsi tenus en grande considération et élevés au rang de divinité : pour exprimer tout le bien et la dévotion qu'ils inspiraient, on instaura le culte des chats, on leur consacra des temples pour les célébrer et on établit des lois pour les protéger.
La première divinité chat fut Bastet, la déesse de Bubastis, ancienne ville du delta du Nil, dont la splendeur fut considérable au temps du règne des pharaons de la XIXe dynastie (1320-1200 avant Jésus-Christ). Bastet (ou Bast, Bash, Pasht), déesse égyptienne de la fertilité et de la maison, était aussi le symbole de la fécondité et de la beauté ; on la représentait sous forme de petite statuette et d'amulettes à la tête de chat et au corps de femme, avec une petite corbeille et un sistre. La déesse était honorée dans le plus grand respect, jusqu'à ce que les prêtres l'intègrent dans la religion officielle du Nouveau Règne (1567-1085 avant Jésus-Christ). On la considéra alors comme une déesse de la guerre en raison de sa ressemblance avec une lionne ; mais elle ne perdit pas pour autant son identité féline. Pour la plupart des Égyptiens, les chats étaient considérés comme des êtres surnaturels, dotés de facultés mystérieuses liées à la lune et aux étoiles.
À la même époque, le chat devint un membre de la famille égyptienne, partageant leur vie quotidienne, comme en témoignent les peintures le représentant dans des scènes domestiques. Cette époque fut pour le chat un temps de gloire : le tuer était un crime passible de la mort. À sa mort, le chat était embaumé, momifié et enterré dans la même tombe que celle de son maître ; on a retrouvé dans une ville antique les restes de 300 000 chats momifiés.

DE L'ÉGYPTE AU MONDE ENTIER

On pense que les Grecs furent les premiers Européens à comprendre l'utilité des chats dans la chasse aux rats. Comme les Égyptiens n'autorisaient pas l'exportation des chats sacrés, les Grecs en volèrent quelques couples, dont les descendants furent probablement les chats vendus aux Étrusques, Romains, Gaulois et Celtes.
Les chats furent présents également dans la civilisation étrusque comme en témoignent différents vases peints représentant les chats dans des situations domestiques et jouant avec des personnes. Il s'agit des premières images de chats en tant qu'objet d'affection dans le continent européen.
On retrouve aussi dans l'art grec et romain des représentations de chats sur des vases, des objets en marbre, des pièces de monnaie et sur des sculptures. La littérature de cette civilisation fait souvent référence aux chats comme animaux de compagnie, même si on les appréciait plus

La sélection des races s'est faite sur différents détails morphologiques : le japanese bobtail, le chat national japonais, présente une étrange queue en pompon, tandis que le manx (page suivante) en est totalement dépourvu (Photos Rodriguez Lo Savio)

comme prédateurs des rats. À la même époque, les chats domestiques vivaient également en Inde et en Asie : on retrouve leurs traces dans d'anciennes écritures en sanscrit, précédant l'ère chrétienne. De même en Chine, on dit que Confucius aimait les chats.

Pour les islamiques, Mahomet eut tant d'affection et tant de respect pour sa chatte Muezza, qu'il préféra couper un pan de son manteau, sur lequel la bête dormait profondément, plutôt que la déranger dans son sommeil. Des chats domestiques ont été trouvés en Afrique du Nord, en Asie et dans la plupart des pays européens. On suppose que les invasions militaires (des Perses, Grecs et Romains) et les voyages des marchands, des aventuriers et des colons ont contribué à répandre les chats dans le monde entier.

Au Moyen Âge, l'Église condamna le chat comme symbole païen et symbole des forces occultes et démoniaques. L'extermination des chats conduisit à la prolifération des souris et des rats, ce qui favorisa la diffusion de la peste dans toute l'Europe. Vers 1400, les chats avaient pratiquement disparu, et ils ne recommencèrent à proliférer que lorsque cessa la chasse aux sorcières et qu'ils ne furent plus considérés comme des créatures démoniaques.

LA SÉLECTION DES RACES

Au début de sa cohabitation avec l'homme, le chat était apprécié pour son habileté de chasseur de rats et pour sa gentillesse comme animal de compagnie ; ce n'est que plus tard que l'on appliqua le critère de l'élevage et de la sélection à des fins essentiellement esthétiques. En Angleterre, vers la moitié du

XIXe siècle, les amateurs de chats commencèrent à se féliciter des caractéristiques de leurs chouchous, en essayant de les sélectionner et de les améliorer. La première véritable exposition féline eut lieu au Crystal Palace de Londres en 1871. Puis, on introduisit en Angleterre des chats angoras et des siamois. Des associations furent créées pour réglementer les expositions et l'élevage des chats. Le premier National Cat Club fut fondé en 1887, puis de nombreuses associations félines firent leur apparition dans les autres pays.

Environ 100 races sont reconnues aujourd'hui ; elles se divisent en quatre catégories, auxquelles il faut ajouter les chats domestiques :
– **chats à poil long** : persans et exotic ;
– **chats à poil mi-long** : sacré de Birmanie, norvégien, main coon, angora turc, turkish van, ragdoll ;
– **chats à poil court** : abyssin, bleu russe, british, burmese, burmilla, chartreux, ceylan, mau égyptien, européen, japanese bobtail, korat, manx, ocicat, devon rex, cornish rex, german rex, somali ;
– **siamois et orientaux** : balinais, javanais, siamois, oriental.

D'autres variétés ont été plus récemment sélectionnées mais ne sont pas encore reconnues par toutes les associations félines : laperm aux oreilles bouclées (à poil court, mi-long et long), américain à poil court, américain à poil dur, bengalais (poil court), bombay (poil court), cymric (poil mi-long), havana brown (poil court), scottish fold (poil court et long), singapour (poil court), sphynx (sans poil), tiffany (poil mi-long).

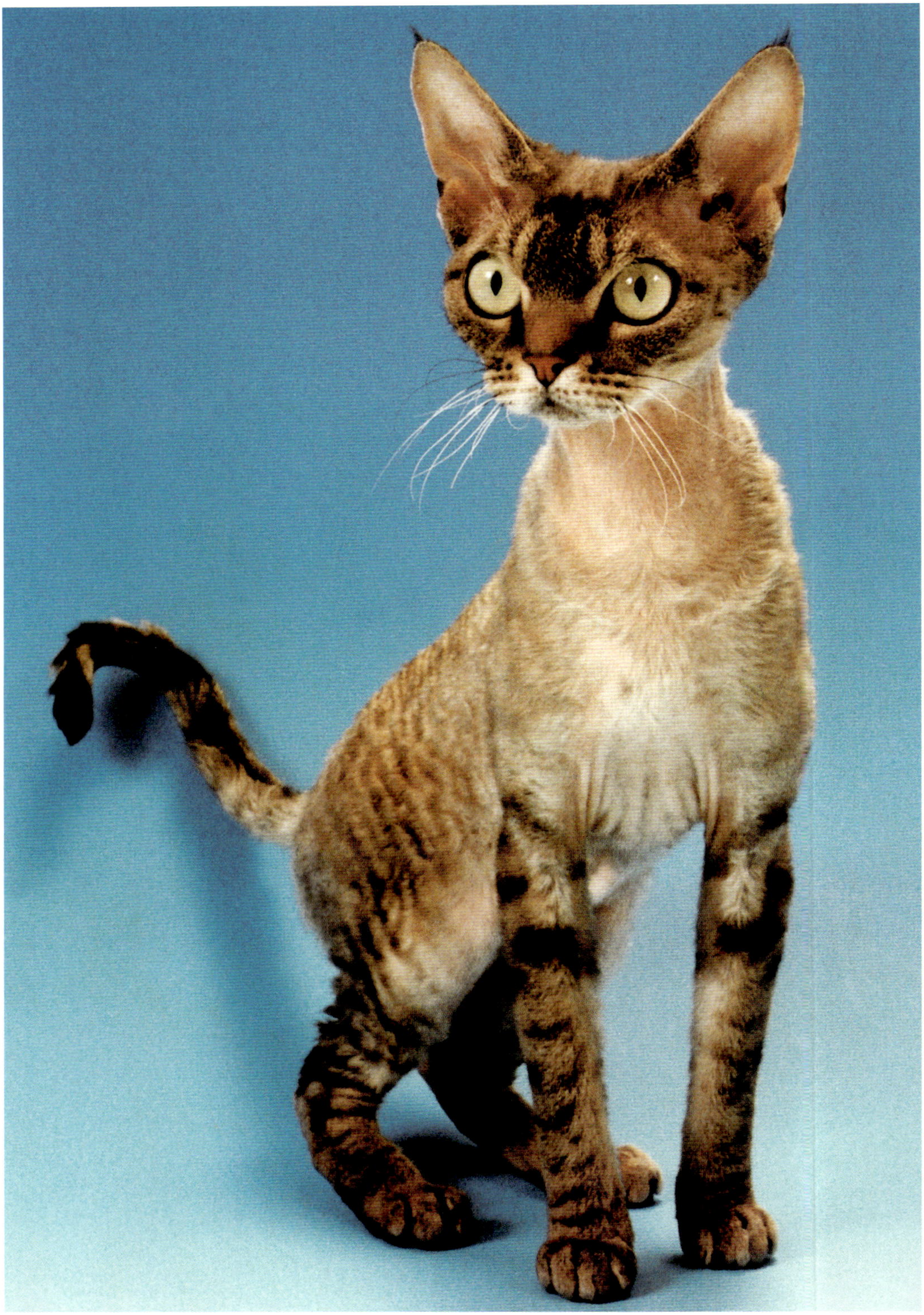

La sélection engendre parfois des résultats génétiques « extrêmes », telle cette variété rex, au poil frisé et aux grandes oreilles (Photo Rodriguez Lo Savio)

Le chat angora est la plus ancienne variété de chat domestique à poil long (Photo Rodriguez Lo Savio)

Les oreilles du scottish fold (a gauche) sont plutôt petites et typiquement repliées, tandis que le sphynx (ci-dessous), avec ses énormes oreilles et son absence totale de poil, donne l'impression d'être un véritable extraterrestre (Photos Rodriguez Lo Savio)

CONFORMATION DU CORPS

Type compact ou « cobby » : corps robuste, poitrail développé et pattes courtes ; grosse tête, grands yeux ronds

Type musclé : corps robuste mais arrondi ; joues pleines

Type étranger ou exotique : corps fin, grandes pattes et longue queue ; tête triangulaire, yeux obliques et grandes oreilles

Photo Schwartz/Excalibur

Le chat aujourd'hui

On n'a jamais autant parlé des chats comme on en parle aujourd'hui : ils sont personnages de bandes dessinées, de livres, de films, de comédies musicales et au centre d'études de marché. Dans le monde occidental, on dépense des sommes considérables pour les acheter, les nourrir, les soigner, les maintenir en bonne santé, les divertir. De nombreux poètes, écrivains, artistes et hommes politiques ont proclamé leur amour pour les chats.

L'homme d'aujourd'hui est bien différent de celui qu'il était il y a des milliers d'années, engagé dans sa lutte quotidienne pour la survie, chasseur, prédateur et proie. Le chat, en revanche, est resté le même : chasseur sauvage et en même temps invité paressant dans notre maison ; il nous permet ainsi de revivre des souvenirs ancestraux même dans le confort de notre vie civilisée.

Grâce à la manipulation génétique, nous avons modifié les chiens, les chevaux, les cochons, les poulets, les tomates, les fraises, le maïs et nous leur avons fait subir de grands changements. Le chat n'a pas subi de changements radicaux même si les variétés se sont multipliées ces dernières décennies, par des robes très différentes du

Les chats cohabitent parfaitement avec l'homme. Ils aiment la tiédeur et le confort de sa maison, mais ils savent aussi instaurer un lien subtil et profond avec celui qui prend soin d'eux (Photo Schwartz/Excalibur)

point de vue de la couleur et de la texture et des types somatiques très variés ; cependant, ce qui reste inchangé, c'est sa nature substantielle, encore très proche du chat sauvage africain, son vieil ancêtre. La popularité croissante du chat comme animal domestique s'explique par les modifications de notre mode de vie. Pendant des siècles, l'homme a considéré le chien comme un animal utile pour chasser et pour protéger sa propriété ; le chat n'était pas d'une grande utilité jusqu'à ce que l'homme se consacre aux cultures et à la conservation des victuailles. Les premiers signes de domestication du chien remontent à 12 000 ans, celle du chat à 6 000 ans, même si la majeure partie des témoignages remonte avec certitude à 4 000 ans. À cette époque, on commença à apprécier le chat pour ses talents de chasseur de rongeurs. Aujourd'hui encore, dans les fermes du monde entier, les chats jouent un rôle de tueurs d'animaux nuisibles, même si

Le chat domestique n'a pas uniquement une fonction de prédateur d'animaux nuisibles, il peut tout simplement embellir notre maison, comme ces deux chatons (Photo Schwartz/Excalibur)

leur rôle principal est de tenir compagnie.
Deux raisons principales incitent les gens à opter pour le chat comme animal de compagnie.
Tout d'abord, la plupart des gens vivent dans de petits appartements, dans des copropriétés, ou pour les plus fortunés, dans des petites villas dans des quartiers résidentiels ; en outre, le travail nous tient éloignés de la maison pratiquement toute la journée. Ainsi, le logement, le travail et le manque de temps compliquent sérieusement la cohabitation avec un chien, tandis qu'il n'y a pas de contre-indications à vivre avec un chat, dans les mêmes conditions, *a fortiori* s'il vit à la maison. Le chat a une faculté d'adaptation incroyable : il peut sans problèmes partager la vie de son maître dans un petit appartement en ville, dans un palais luxueux, dans une ferme, dans un climat chaud ou froid, et il supporte même la solitude pendant des heures, contrairement au chien.
En second lieu, beaucoup de gens n'ont pas de temps et d'argent à consacrer à un animal de compagnie, même s'ils ressentent fortement le besoin d'en avoir un. Petits, nous avons tous besoin de quelqu'un à qui nous confier. Une fois adultes, nous n'avons pas toujours la possibilité, ou l'envie, de fonder une famille, un noyau affectif. À la fleur de l'âge, nous sommes souvent submergés par les exigences familiales et par celles du travail, ce qui nous laissent bien peu de temps pour nous-mêmes. Plus vieux, nous pouvons nous retrouver et nous sentir bien seuls. Le chat nous écoute alors sans nous juger, il nous aime pour toujours et peut réellement changer en mieux notre vie, pour un investissement en temps et en argent somme toute négligeable.

Même dans le confort de la vie domestique, le chat d'une lignée des plus raffinées conserve le charme du félin « naturel » (Photo Peroni)

LES PRÉJUGÉS SUR LE CHAT

La popularité et le succès du chat comme animal de compagnie seraient encore bien plus grands s'il ne restait pas certains préjugés à leur encontre, et qui ont souvent pour origine une comparaison absurde et inappropriée avec le chien.

D'aucuns considèrent le chat comme un animal « froid » et indifférent, qui ne reste auprès de son maître que par intérêt, pour la nourriture et la protection que son foyer peut lui offrir. Il est certain que le chat nous porte de l'affection, à sa manière. Il aime la nourriture qu'on lui donne, tout comme la tiédeur de notre maison, le panier confortable pour dormir et les jouets pour s'amuser. C'est tout à fait naturel. Mais le chat nous considère aussi comme sa famille et il nous le prouve de différentes façons : il nous rapporte les proies qu'il capture, il nous « pétrit » avec ses pattes tout en ronronnant, nous traitant ainsi comme si nous étions sa maman. En jouant avec nous, il nous considère comme un frère de portée ; en nous « embrassant », il nous traite comme si nous étions un de ses chatons.

En même temps, le chat a besoin de ses moments de solitude, pour penser, méditer, rêver... peut-être de nous, ou de sa future proie, du bon plat dont il se délectera, ou du jeu qu'il fera. Toute personne vivant avec un chat sait comme son amour peut être constant et sincère.

Les détracteurs des chats utilisent souvent comme argument le fait que les chats s'approchent plus facilement de ceux qui ne les aiment pas, démontrant ainsi leur totale indifférence aux gens qui les aiment. En vérité, les chats, face aux étrangers, montrent une mé-

Lorsque le chat a confiance en son maître, il aime s'abandonner dans ses bras et faire semblant de dormir pour mieux sentir ses caresses (Photo Rodriguez Lo Savio)

DEDANS OU DEHORS ?

Les passionnés des chats s'affrontent en deux clans : les uns affirment que le chat doit absolument rester enfermé à la maison et les autres que le chat doit être libre de sortir dehors et de se promener à sa guise. Il se cache souvent derrière le second choix une certaine répugnance à garder chez soi la litière du chat, mais les statistiques sont éloquentes : un chat bien nourri et bien soigné, vivant seul à la maison, a une espérance de vie de 15 à 20 ans ; un chat vivant dehors vit en moyenne de 4 à 5 ans. À l'origine de cette durée de vie plus courte nous vous donnons les motifs les plus courants :

Les dangers de la route : les chats sont très souvent victimes d'accidents de la route, aux conséquences souvent dramatiques ; parfois, attiré par la chaleur du moteur, il peut se cacher sous le capot d'une voiture et se blesser si l'automobiliste, ignorant sa présence, met le moteur en route.

Les chiens agressifs : en se promenant, le chat peut être victime de chiens qui, ou par nature, ou parce qu'ils ont été excités par un propriétaire irresponsable, sont devenus de vrais tueurs de chats.

Les pesticides et autres poisons : surtout à la campagne, mais également dans des jardins en ville, le chat peut être en contact avec des pesticides, des antilimaces, de la mort-aux-rats et autres substances toxiques ; il peut aussi s'empoisonner en mordant des animaux qui ont eux-mêmes ingéré peu avant ces substances.

Les maladies félines : on compte trois maladies mortelles pour le chat : la leucémie féline (FELV), l'immunodéficience féline (FIV), la péritonite infectieuse féline, qui sont extrêmement contagieuses. Le chat ne peut les contracter qu'au contact avec d'autres chats, notamment au cours d'une bagarre ou d'un accouplement. Il est évident qu'un chat vivant dehors a bien plus de chances de contracter une de ces maladies, pour lesquelles (hormis la leucémie féline) il n'existe pas encore de vaccin dont l'efficacité a été prouvée.

Personnes malintentionnées : malheureusement ces personnes représentent un des dangers les plus insidieux. Dans le meilleur des cas, elles peuvent s'emparer d'un chat pour le garder avec elles, mais les raisons peuvent être moins amicales : la vivisection, la vente (s'il s'agit d'un chat de race), la torture lors de rites sataniques ou tout simplement pour le maltraiter ou le tuer par pure haine envers les animaux en général, et les chats en particulier.

Les chats qui ont libre accès à l'extérieur des maisons sont plus concernés par les dangers de la route. Chaque année on compte bien trop de chats victimes d'accidents de la route (Photo Rodriguez Lo Savio)

fiance salutaire et physiologique ; ils peuvent être effrayés par une approche directe, et préférer ainsi, paradoxalement, s'approcher des personnes semblant indifférentes à leur présence. Ceux qui connaissent bien les chats savent pourtant qu'en quelques minutes le chat sait reconnaître celui qui a un vrai « feeling » pour lui et ne tardera pas alors à rechercher sa compagnie.
Un autre préjugé consiste à dire que « les chats sont plus attachés aux lieux qu'aux personnes ». En réalité, le chat est un animal très territorial, au point qu'il le « marque » avec son urine et ses « griffures » sur les troncs d'arbres, les meubles et les objets de la maison. De même, il « marque » son maître, en frottant ses joues sur ses jambes, sur son visage, sur ses mains, pour définir sa propriété sur lui. Le chat aime son maître au moins autant que son territoire. Étant un animal routinier, il a simplement besoin d'un certain temps pour s'adapter à un nouveau contexte, sans pour autant moins aimer son « humain ». À la lumière de ces précisions, il apparaît évident que tout déménagement pour le chat est une source de stress et qu'il faut affronter le changement environnemental avec patience et sensibilité.

Les chats qui vivent dehors peuvent exprimer pleinement leur nature de chasseurs
(Photo Schwartz/Excalibur)

Pour comprendre les principaux mécanismes d'apprentissage et de communication entre les chats, il faut tout d'abord appréhender leurs organes sensoriels et leur fonctionnement.

Le chat explore avec attention le territoire et reconnaît les signes et messages laissés par d'autres animaux

L'ODORAT

Chez le chat, le goût et l'odorat sont étroitement liés, car la cavité rétronasale donne directement sur la bouche. Les molécules d'une substance odorante sont portées par l'air sur la langue, qui les écrase sur le palais contre l'organe de Jacobson, lequel envoie à son tour des signaux au cerveau.

L'odorat est un moyen de communication très important chez le chat. Ses méthodes de signalement les plus courantes sont en effet le marquage odorant du territoire à l'urine, ou les griffures, mais il utilise aussi souvent ses sécrétions anales et ses glandes cutanées.

Schéma des organes olfactifs

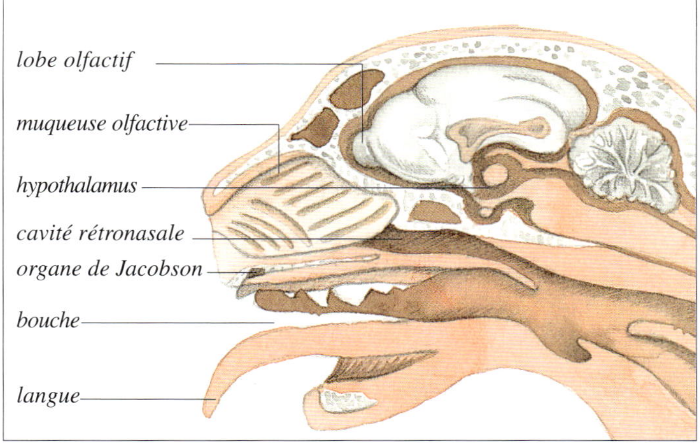

LA VUE

Un tapis réfléchissant situé au fond de l'œil du chat, le *tapetum lucidum*, a pour fonction d'intensifier la lumière à l'arrivée, ce qui fait briller les yeux des félins la

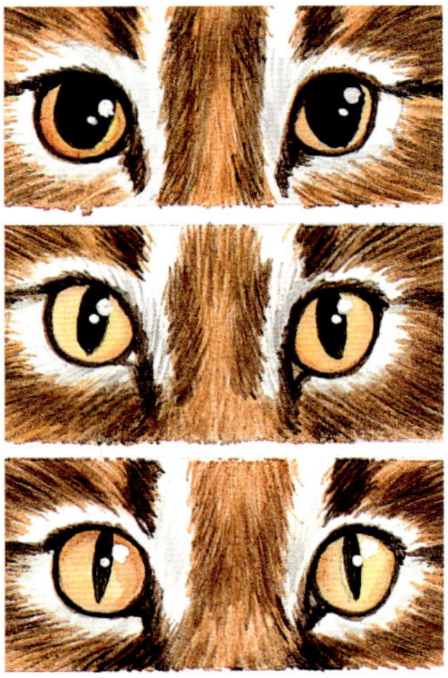

Contractions de la pupille selon la luminosité

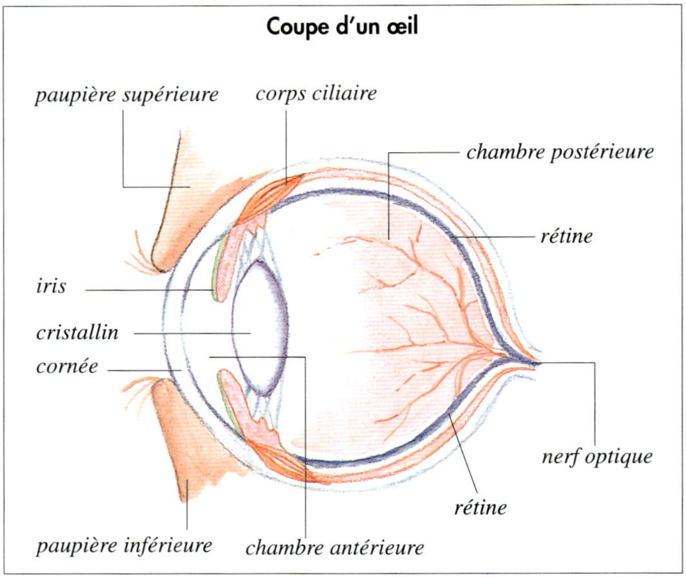

nuit. Un cinquième de l'intensité lumineuse nécessaire à l'homme suffit pour que les chats voient clairement, mais leur pouvoir de résolution (capacité à séparer ou à distinguer deux points ou composants d'un objet) n'est qu'un dixième de la résolution humaine. Les siamois, en général, n'ont pas une vision normale binoculaire comme les autres chats. Une controverse règne sur la question de savoir si les chats sont en mesure ou non de percevoir les couleurs. Si les poissons et les primates perçoivent bien les couleurs, ce n'est généralement pas le cas des autres mammifères. Beaucoup d'espèces de mammifères sont dotées de cônes, qui sont des cellules rétiniennes utilisées pour percevoir les couleurs, mais ils ne semblent pas les utiliser normalement.

Les chats ont deux types de cônes censés absorber la lumière verte et bleue ; il est malgré tout très difficile de leur apprendre à distinguer les couleurs, bien qu'ils soient capables de diffé-

Selon la luminosité, l'iris contracte la pupille, qui ne devient qu'une fente. Sur certains sujets, les iris peuvent être impairs, autrement dit être de couleurs différentes (Photo Rodriguez Lo Savio)

rencier facilement les différents stimuli visuels.

On a étudié leur perception des couleurs en enseignant aux chats à distinguer deux symboles, puis à distinguer les mêmes symboles mais de couleurs différentes. Les chats réussissent l'exercice, mais seulement au terme de 1 400 tentatives ! On peut d'ailleurs rendre un chat névrotique à force de lui demander de distinguer deux symboles trop ressemblants. Même si la luminosité est satisfaisante, le stimulus en couleurs doit être suffisamment grand, comme un objet de grande taille, pour que le chat puisse en percevoir la couleur. Il semble donc que les chats aient une certaine perception des couleurs, mais qu'ils ne l'utilisent pas souvent.

LES VIBRISSES

La plupart des chats sont dotés de 24 vibrisses, ou moustaches, divisées en deux groupes et quatre rangées horizontales de chaque côté du museau, dans une zone particulièrement délicate pour le chat où il ne voit pas très bien. Les rangées les plus hautes et les plus basses bougent de manière indépendante, et constituent de véritables organes sensoriels, essentiels à l'équilibre et à l'orientation du chat. Lorsque ses yeux n'arrivent plus à distinguer certaines choses – parce qu'il les regarde de trop près ou qu'il se trouve dans le noir complet – les vibrisses lui permettent « d'identifier » la nature des objets et même de percevoir les courants d'air provoqués par les mouvements de tout petits animaux. On comprend alors qu'il ne faut jamais les couper !

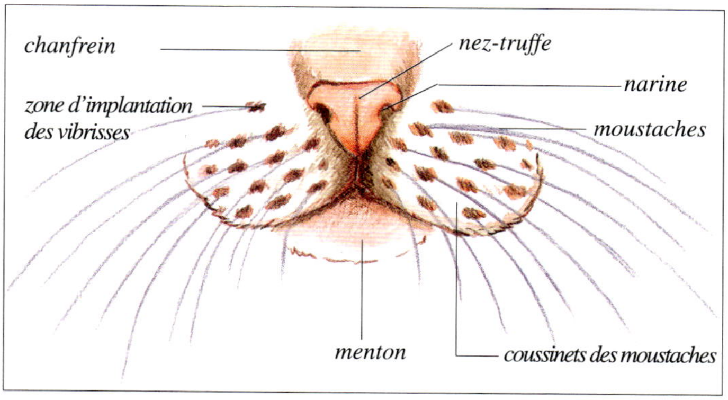

L'OUÏE

Les chats ont une ouïe plus développée que les hommes. L'oreille humaine peut discerner 8,5 octaves, alors que l'oreille du félin peut en distinguer 10. Le seuil de tolérance des sons chez le chat est de 60 à 65 kHz (kilohertz, ou kilocycles à la seconde) et de 16 kHz pour les êtres humains. C'est pourquoi les chats peuvent percevoir les appels ultrasoniques des rongeurs et ceux de leurs chatons. En ce sens, les appareils à ultrasons pour éloigner les rongeurs peuvent être une source de stress pour les chats. Les pavillons auriculaires conduisent les sons vers les tympans et favorisent une bonne

Coupe des organes auditifs

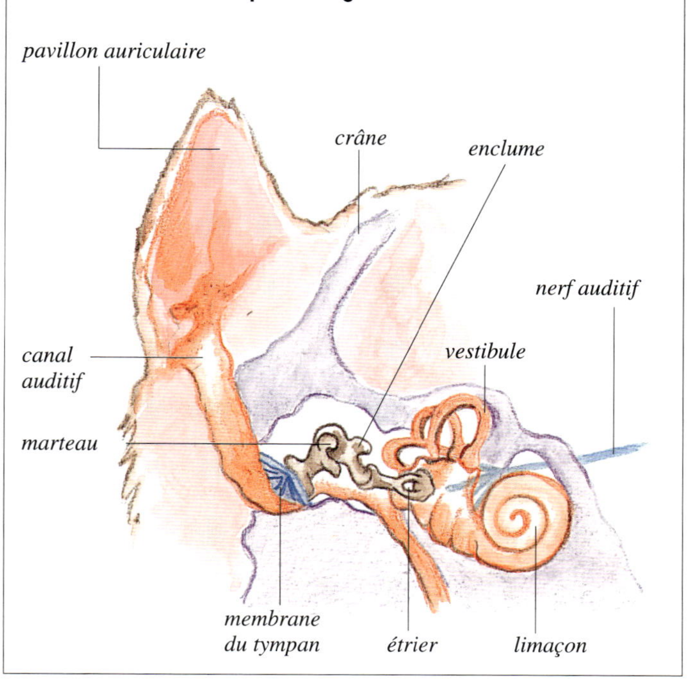

L'ÉQUILIBRE ET L'ART DE RETOMBER SUR SES PATTES

Le chat a un sens de l'équilibre exceptionnel, qui est lié à la structure des canaux semi-circulaires de son oreille interne. En cas de chute, il arrive toujours à orienter son corps par rapport à la hauteur et la distance du sol ; grâce à leur puissante musculature, tous les chats parviennent à rouler sur eux-mêmes de façon à toujours atterrir sur leurs quatre pattes en même temps.

réception des stimuli sonores, qui sont particulièrement importants la nuit.
Malgré la structure mobile de leurs oreilles, les chats ne réussissent pas à différencier des sons dont l'éloignement est inférieur à 5 degrés ; les êtres humains peuvent, en revanche, distinguer différents sons même à une distance de 0,5 degré. Si deux sons sont produits face à un être humain, celui-ci va les distinguer, un chat en revanche est incapable de le faire.

L'APPRENTISSAGE

Les chats sont certes des animaux intelligents, si on considère qu'ils ont été suffisamment malins pour trouver une espèce (humaine), qui les nourrit, achète de grands sacs de litière et s'occupe de leur bien-être. Ils sont aussi assez intelligents pour pouvoir survivre seuls, que ce soit en ville ou bien à la campagne.
Les tests d'intelligence pour les animaux, à l'instar des tests pour les humains, ne sont pas toujours fiables. Par exemple, un cheval trouvera facile de sauter un obstacle, alors que le chat sera plus enclin à l'escalader ou à l'éviter. De même, il est plus facile pour un chat de manipuler une cordelette que pour un chien ou un cheval. En somme, il ne faut pas confondre l'adresse et l'intelligence. Les capacités d'apprendre un parcours obligatoire n'ont rien à voir avec les contraintes physiques dans un milieu de recherche (comme un laboratoire de psychologie animale) et les performances des chats sont bien

Le chat est un redoutable observateur

inférieures à celles des chiens et des équidés dans ce genre de situation. Les chats sont capables de mémoriser quelle boîte contient la nourriture et quelle porte permet de sortir, mais leurs résultats sont toujours inférieurs à ceux obtenus par les chiens dans ce type d'épreuve. Les chats apprennent surtout à intervenir sur leur habitat en utilisant une forme d'apprentissage appelée « opérante » par les psychologues, comme par exemple apprendre à sortir des cages de test (*puzzle boxes*). Ils peuvent aussi apprendre à tirer sur des cordelettes au bout desquelles sont attachés des morceaux de nourriture, et distinguer la cordelette rattachée à un morceau de viande des autres.

On peut aussi « conditionner » le chat selon la méthode classique de Pavlov, c'est-à-dire lui enseigner à cligner de l'œil ou à saliver en réponse à un son particulier (le stimulus conditionné) associé à un stimulus naturel inconditionné (un souffle d'air pour le clignement de l'œil, ou la vue d'un morceau de nourriture pour la salivation), et il apprend ainsi à agir sur son environnement pour obtenir la récompense (le « renfort »).

La récompense

Contrairement au chien, les chats n'agissent pas pour être flattés par une personne qui leur est chère, ils préfèrent être récompensés par un peu de nourriture. Cependant, l'esprit tatillon des chats peut intervenir sur la qualité de la nourriture donnée en récompense. En général, les chats travaillent mieux si celui qui fait l'expérience sur eux est également celui qui leur donne la nourriture habituellement, comme dans toute situation d'apprentissage. Les chatons, en revanche, apprendront plus vite si leur récompense est la liberté d'explorer une pièce de la maison : cela les intéresse bien plus que la nourriture.

Le chat tolérera le port de la laisse, en contrepartie d'une belle balade

Le « problem solving »

Selon des études approfondies menées sur le comportement des chats, ces félins sont capables d'une habileté que l'on pensait réservée aux primates. On a démontré par exemple que les chats peuvent apprendre à résoudre un problème en répondant à un stimulus bien précis et qu'ils sont capables dans une situation identique d'arriver plus rapidement à la solution même si les stimuli sont différents. Après avoir exposé quatre problèmes de même type, le taux d'erreur du chat chute à 36 % par rapport au début : ils ont donc appris à apprendre.

Les chats ont rarement montré un comportement d'*insight*, ou « d'intuition éclairée », autrement dit ils ne pensent pas par exemple à déplacer une boîte pour la mettre dans une position telle qu'ils pourront atteindre le poisson en hauteur.

Les chats sauvages en captivité apprennent bien plus vite que les chats élevés en cage, signe que les expériences ou les milieux différents augmentent la capacité d'apprentissage.

L'imitation

Le chat peut apprendre à travers l'observation et l'imitation. Un chat observant un autre sujet en train d'appuyer sur un levier ou de chevaucher une barrière pour obtenir de la nourriture apprendra bien plus vite à reproduire ces mêmes gestes que d'autres chats n'ayant pas cette opportunité.

Quel problème y a-t-il ? Celui-ci sera d'autant plus intéressant s'il ressemble aux stimuli existants déjà dans la nature, et qui déclenchent des comportements « ancrés » génétiquement dans l'animal : le chat est par exemple attiré par un jeu simulant la queue d'une proie (Photo Studio Fotografico Image, Brescia)

La communication olfactive

L'odorat est très important chez le chat : il a un rôle déterminant pour identifier et inspecter les substances, que ce soit à des fins alimentaires ou sexuelles. Le nez est utilisé pour recevoir d'importants signaux dans le milieu social du félin, qui sont émis surtout à travers l'urine et les sécrétions cutanées.

Pour marquer son territoire, le chat tourne le dos à l'objet à marquer, soulève sa queue en la faisant vibrer dans l'air, puis étire ses pattes arrière et émet un petit jet d'urine

Le marquage à l'urine

Marquer son territoire à l'urine est une pratique commune aux mâles non castrés mais aussi à certaines femelles, en particulier au moment des chaleurs. La fréquence augmente en fonction des variations hormonales, qui se produisent durant la saison des accouplements. Cette pratique est bien plus rare chez les chats castrés des deux sexes.

Pour marquer le territoire, le chat s'approche d'une surface verticale (troncs d'arbre, édifices, automobiles, fauteuils, huisseries de portes, etc.), piétine le sol avec ses pattes arrière, agite la pointe de sa queue et lâche un petit jet d'urine. Certains sujets se blottissent et aspergent de la même manière les surfaces horizontales.

Les chats ne sont pas simplement en train d'accomplir un acte purement physiologique, ils envoient également un message odorant qui transmet différentes informations : il avertit notamment les éventuels envahisseurs sur son territoire et « informe » de sa disponibilité à l'accouplement. Les chats ne défendent, en général, qu'un tout petit territoire domestique ; le marquage signale avant tout sa zone d'influence et inhibe le comportement sexuel des autres jeunes étalons.

Tous les chats vivant dehors, et même ceux qui sont habitués à la vie en appartement, délimitent leur territoire, dont la surface varie en fonction du nombre de leurs congénères et de leur position hiérarchique. Les femelles ayant des petits défendent avec acharnement un petit territoire, les étalons mâles ont en général un territoire très vaste qui peut inclure celui des femelles. Il existe également un terrain commun où se déroulent les rencontres et les « relations sociales » (Photo Rodriguez Lo Savio)

Ce type de message olfactif est très courant dans le règne animal, et même parmi les chiens, les chevaux, les chèvres, les singes ; ce comportement est donc absolument normal pour les chats, mais il peut être indésirable pour les maîtres et rendre la cohabitation difficile au sein des murs domestiques.

LES GRIFFURES

Les chats peuvent marquer leur territoire en laissant leur empreinte sur les objets situés dans les zones où ils passent la plupart du temps, en les griffant ou, comme on dit communément et de manière impropre, « en se faisant les griffes »,

Les chats aiment beaucoup griffer les arbres ou autres objets en bois. Cette pratique n'a pas pour objet de « se faire les griffes », et d'ailleurs elle ne se fait qu'avec les pattes avant, mais les griffures marquent le territoire grâce à une substance olfactive laissée par des glandes localisées sur les pattes

et en les imprégnant de leur odeur sécrétée par les glandes situées sur les pattes. Outre le fait d'être bien visibles, les griffures constituent une sorte de « signature » olfactive, qui communique aux autres chats des informations sur son auteur et sur ses intentions.
À l'extérieur, les cibles favorites sont les arbres à l'écorce souple ; à la maison, il s'agit des divans, des pieds de fauteuil, des enceintes de la chaine hi-fi, des coins de meubles.

Deux chats qui ne se connaissent pas cherchent à sentir leurs zones anales respectives, en effectuant des mouvements circulaires. Cette opération est toujours pacifique et constitue un préliminaire fournissant des informations, telles que l'âge, le sexe, le statut social et l'identité

LES SÉCRÉTIONS ANALES

On sait que les chats recouvrent méticuleusement leurs fèces ; mais les odeurs de la zone périanale restent un instrument de communication. Deux chats ne se connaissant pas tournent un certain temps l'un autour de l'autre pour se sentir et ainsi « faire les présentations ». Si les chats ne sont pas trop récalcitrants, ils se « renifleront » la zone périanale.

LES SÉCRÉTIONS CUTANÉES

Frotter sa tête contre un objet ou une personne peut être une forme de communication olfactive, car en se frottant sur l'objet en question, le chat dépose des sécrétions laissées par les glandes situées sur son museau. Quand un chat s'entortille autour du pied d'un siège ou d'une personne, il les imprègne de certaines odeurs, laissées cette fois par des glandes situées sur la queue (les mêmes glandes concernées par le syndrome de « la queue de l'étalon », une forme de dermatite).

Les chats ont un comportement sensuel, ils se frottent souvent contre des objets et des personnes : c'est une façon d'affirmer leur statut hiérarchique à travers des signes olfactifs laissés par les glandes situées à proximité de la queue, du menton et des lèvres

Photo Milanese/Excalibur

La communication vocale

Le chat possède un large répertoire vocal, que tous les propriétaires ne sont pas capables de reconnaître. On peut diviser les vocalisations félines en trois catégories : les sons de faible intensité, les sons de haute intensité et les sons d'intensité variable.

LES SONS DE FAIBLE INTENSITÉ

Le ronronnement est le son de faible intensité le plus facile à reconnaître. Il s'accompagne de rapides contractions des muscles du larynx et du diaphragme et ne se manifeste qu'en présence d'autres chats ou de personnes.
On peut généralement considérer le ronronnement comme l'équivalent du sourire humain : ils ont la même signification éthologique. On peut sourire parce qu'on est content, mais on peut également sourire dans des situations difficiles ou embarrassantes, comme pour signifier que l'on est bien disposé, sans aucune intention agressive. Un chat qui ronronne est un chat satisfait et détendu, mais un chat blessé, malade, souffrant, ronronne également, de même qu'une chatte au moment du travail de la mise bas ou lorsqu'elle allaite ses petits.

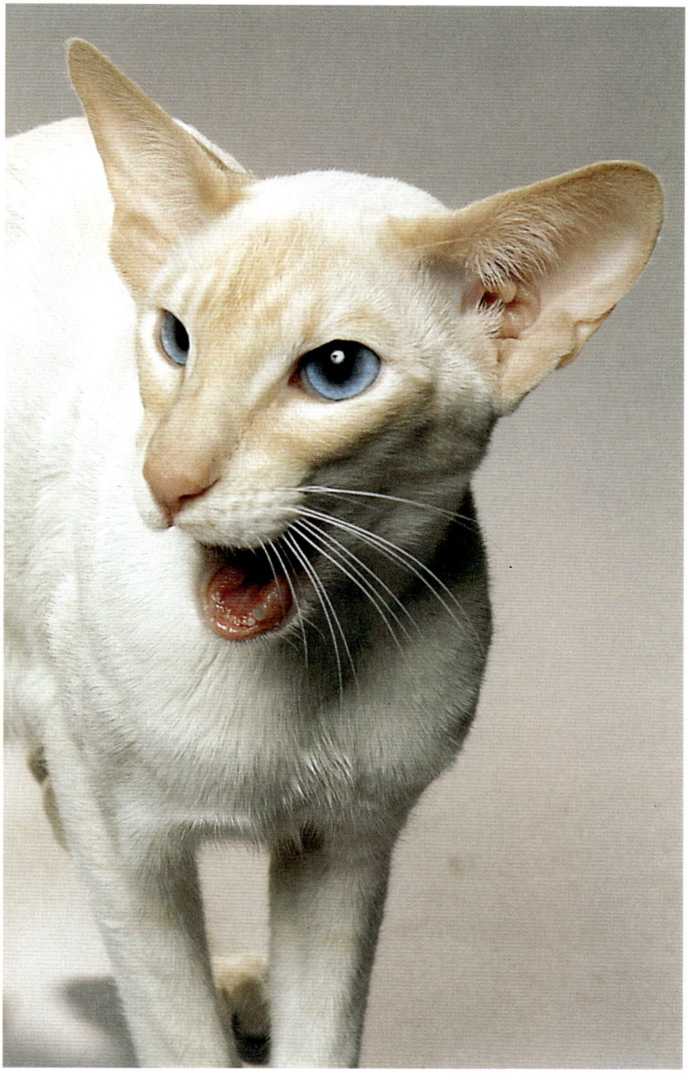

Certaines races félines sont très loquaces : siamois, orientaux et burmeses figurent parmi les chats les plus bavards (siamois red point)
(Photo Schwartz/Excalibur)

LE MYSTÈRE DU RONRONNEMENT

Certains experts affirment que le ronronnement est dû aux vibrations de fausses cordes vocales, deux replis de membranes situées derrière les vraies cordes vocales. D'autres soutiennent que le ronronnement est le résultat direct du mouvement sanguin dans la veine cave qui renvoie le sang dans le cœur après avoir irrigué tout le corps. Cette veine, entre le foie et le diaphragme, serait à l'origine des vibrations dans le thorax et dans la trachée.
Quoi qu'il en soit, ronronner est un moyen de communication : il est la toute première forme de communication entre la mère et ses chatons, ainsi que chez le chat adulte qui l'utilise aussi avec l'homme.
Chez les chats adultes, mais également chez les grands félins comme le lion et le guépard, le ronronnement est souvent utilisé au moment du combat avec la proie. On ne peut que supposer les raisons de ce ronronnement : il peut s'agir d'un héritage de ce qui l'a appris lors de ses premiers jeux avec sa mère, mais il peut aussi être une manifestation de satisfaction et de bonheur de l'animal à l'idée d'avoir atteint son objectif. Certains soutiennent enfin que le ronronnement aurait un effet hypnotique dont le chat se servirait pour calmer et tuer sa proie.

L'absence de toute mauvaise intention se manifeste à travers une attitude détendue, les yeux entrouverts, prêt à accepter les caresses et à ronronner

Le miaulement a de nombreuses modulations, et chacune a sa propre signification.
En général, le miaulement doux a un sens de salut alors que le miaulement plus insistant veut dire « je veux quelque chose (à manger ?) »

Lorsque le chat, obligé de vivre à l'intérieur de la maison, observe par la fenêtre des proies possibles qu'il ne peut atteindre, il manifeste alors son excitation en émettant un « pépiement » guttural accompagné d'un mouvement rythmé des griffes (Photo Strike Mc Clelland)

D'autres sons de faible intensité sont utilisés pour demander quelque chose, pour saluer, pour marquer la reconnaissance ou l'approbation, comme un bref murmure, isolé, dont l'intonation tombe rapidement.

LES SONS DE HAUTE INTENSITÉ

Les sons de haute intensité sont des miaulements exprimant une demande (pour réclamer de la nourriture), des pleurs après s'être perdu, une lamentation, un appel à l'accouplement (plus doux), un cri de colère.

Les miaulements peuvent varier entre les petits « gazouillis » que maman chatte émet pour appeler ses petits, aux longs miaulements typiques du chat qui veut manger.

Tout propriétaire apprend à distinguer le sens des diverses vocalises (pour manger, saluer, sortir, pour indiquer une douleur, la colère, la peur…). Le chat émet également des sons que l'oreille humaine ne peut percevoir, en dehors des longueurs d'ondes qui lui sont accessibles.

LES SONS PLUS INTENSES

Grogner et souffler sont des signes d'agressivité défensive.

Les chats soufflent lorsqu'ils sont effrayés, mais ils n'attaquent que s'ils ne peuvent pas faire autrement. Les hurlements sont produits par les deux adversaires pendant le combat, tout comme les miaulements au moment de la saison des amours.
Parmi les autres cris intenses, on compte aussi le cri de refus, bas et discontinu, le cri involontaire, le cri de douleur, le grognement.

Parfois, les chats claquent des dents, faisant trembler leur mandibule, tout en émettant un son bref. Il s'agit d'un comportement typique d'excitation face à la perspective de capturer une proie (cas des deux sexes) ou de s'accoupler (valable uniquement pour les mâles).

LES SONS PARTICULIERS

Le miaulement d'accouplement n'est que trop connu : qui n'a jamais entendu un concert de chats en chaleur ou des duos de défis entre deux étalons en compétition pour la même femelle ?
Le chant d'accouplement du mâle peut être très intense ; l'appel bisyllabique des femelles en chaleur est tout aussi caractéristique.

Les mâles qui se battent émettent des miaulements et des cris aigus. Les mâles en compétition entre eux sont en général très bruyants

Les chats mâles « en chaleur » se lancent dans de véritables concerts pour conquérir leurs dames (Photo Rodriguez Lo Savio)

LE LANGAGE CORPOREL

LA POSTURE DE LA QUEUE

La queue est une espèce de balancier, fondamentale pour l'équilibre du chat, en particulier lorsqu'il court ou lorsqu'il saute. Elle est aussi un moyen de communication irremplaçable : le chat peut mentir et feindre une expression, mais les mouvements de sa queue trahissent ses véritables intentions. Il porte la queue haute sur le dos pour saluer, pour « enquêter », ou lorsqu'il est déçu. C'est comme si, par exemple, il voyait son maître et lui disait : « Salut, comment ça va ? Tu ne crois pas qu'il est temps de me donner à manger ? ». Quand le chat est en train de chasser, sa queue est basse et il agite le bout. Quand il se promène ou trottine, sa queue se trouve à 40° par rapport à son corps, mais s'il augmente son allure, il la porte plus basse.

Si quelque chose attire son attention, il lève sa queue et ses deux oreilles sont orientées vers l'avant, toutes droites. Soulever sa queue peut également être un signe de bienvenue. Si

Deux façons différentes de porter la queue en fonction des situations : haute, elle exprime la disponibilité et l'affection du chaton qui se frotte contre sa mère ; complètement abaissée et posée par terre, c'est le temps de la chasse

le chat est méfiant, il bouge lentement sa queue de gauche à droite. S'il fouette sa queue nerveusement, il est sur le point de manifester toute son agressivité (tout le contraire du chien qui, lui, exprime sa joie).

Ce chaton est monté sur la table, et il sait qu'il ne doit pas le faire : son attitude montre une attention vigilante, le corps légèrement projeté vers l'avant, prêt à s'échapper au premier signe menaçant
(Photo Studio Fotografico Image, Brescia)

LA POSTURE DES OREILLES

Un chat tranquille tient les oreilles droites, orientées de chaque côté de la tête, et les bouge en fonction des sons qui attirent son attention.
Si le chat manifeste de la crainte, il abaisse ses oreilles. En revanche, un chat terrorisé, et donc prêt à attaquer, tient ses oreilles plaquées sur son crâne et repliées en arrière.

La tête est légèrement soulevée, les oreilles sont bien droites, attentives : ce sujet est sur ses gardes, prêt à réagir en cas d'attaque

Ce petit chartreux de 40 jours se sent complètement en sécurité et affiche un air attentif, dans une attitude de relaxation complète (Photo Barozzi)

L'EXPRESSION DES YEUX

Les yeux du chat ont des pupilles extrêmement réactives à la lumière, qui peuvent se réduire à de fines fentes en pleine lumière et se dilater complètement dans l'obscurité, lui permettant ainsi de voir là où nos yeux ne verraient rien.
Les iris colorés et lumineux nous signalent de manière particulièrement significative l'état d'esprit du chat. Les yeux d'un chat effrayé ou excité semblent rouges, car on peut voir les vaisseaux sanguins rétiniens à travers les pupilles dilatées. S'il est calme, ses yeux sont bien ouverts, mais non dilatés comme lorsqu'il est effrayé. S'il chasse, ses yeux

Les pupilles légèrement dilatées indiquent une attitude défensive face à une situation de danger non grave

1

2

3

4

5

Mimiques faciales
1. Chat tranquille, les oreilles droites et les moustaches relaxées
2. Chat en colère, les oreilles droites et repliées en arrière, les pupilles dilatées et les moustaches tendues en avant
3. Chat effrayé aux pupilles dilatées, les oreilles et les moustaches aplaties
4. Chat en train de jouer ou de chasser : pupilles légèrement dilatées, oreilles droites et moustaches tendues vers l'avant
5. Chat satisfait sous les caresses : yeux entrouverts et moustaches relaxées

Des petits chats effrayés à l'arrivée d'un intrus expriment leur peur en hérissant leur poil et en courbant le dos (Photo Rodriguez Lo Savio)

sont bien ouverts et fixés attentivement sur sa proie.
Les chats, comme bon nombre d'animaux, n'aiment pas qu'on les fixe droit dans les yeux ; ils le considèrent comme une grande impolitesse, un manque de courtoisie et d'éducation. Ils aiment, en revanche, qu'on les regarde en clignant des yeux affectueusement, et il n'est pas rare qu'ils nous répondent en clignant des yeux à leur tour.

LE POIL ET LES VIBRISSES

Comme chacun sait, le chat hérisse son poil dans certaines circonstances pour sembler plus grand et plus menaçant : en cas de forte agressivité, d'attaque ou de grande frayeur. Le chat effrayé semble redresser son poil de manière uniforme sur tout son corps, alors qu'un chat menaçant hérisse seulement une bande de poils sur son dos, le long de sa

Le ceylan aux oreilles légèrement en arrière, les pupilles dilatées, les vibrisses tendues en avant et la bouche ouverte comme pour montrer ses « armes » : tout semble indiquer une attitude agressive, probablement provoquée par un élément perturbateur (Photo Rodriguez Lo Savio)

Les chats aiment se terrer dans des « tanières » petites et protectrices, d'où ils peuvent observer sans être vus : ce sujet est entré dans le panier à bouteilles et il est un peu inquiet car il ne sait s'il va se faire disputer et être chassé ; on lit son inquiétude à ses pupilles dilatées, à la posture de ses oreilles haut sur la tête et légèrement tournées vers l'arrière (Photo Barozzi)

colonne vertébrale et de sa queue.
Les vibrisses, ces poils particuliers, sont eux aussi impliqués dans les diverses réactions émotionnelles : un chat curieux les dirige droit devant ; un chat effrayé les dirige en arrière.

QUELQUES ATTITUDES

L'agressivité

Le chat dans une attitude agressive essaie de sembler plus gros qu'il ne l'est vraiment pour susciter la peur et le respect chez son adversaire. Il marche bien droit sur la pointe de ses pattes, la tête basse et, étant donné que ses pattes arrière sont plus longues que les pattes avant, le dos semble légèrement incliné vers la tête. La queue est basse mais relevée à hauteur des jarrets et le poil se hérisse. Les oreilles sont toutes droites, et orientées vers l'extérieur, les pupilles sont contractées. Les vibrisses sont dirigées vers l'avant et les griffes sont sorties.

La tension défensive

Chat tendu, qui souffle et montre ses dents, comme prêt à se défendre, mais il semble en même temps prêt à battre en retraite et à se coucher pour éviter le conflit.

La peur

Le chat apeuré se blottit, les oreilles aplaties sur sa tête et les pupilles dilatées. Prêt à se rendre et à se soumettre, il se tapit, la queue plaquée le long du corps, ce qui ne lui permet pas d'attaquer mais seulement de se défendre ou de se soumettre en se roulant sur le dos.

La frayeur

Contrairement à l'idée reçue, le chat qui souffle, produit de la salive dans sa bouche puis « crache », le dos courbé, les oreilles aplaties et le poil hérissé (posture appelée aussi « du chat de la sorcière »), exprime autant la peur que l'agressivité, comme le chien peut mordre sous l'effet de la peur. Dans ce genre de situation, un chat est très impressionnant mais il ne passe à l'acte que si son « périmètre de sécurité » est envahi. Un indice vient trahir les émotions du chat : ses pattes arrière semblent avancer, alors que les pattes avant reculent pour pratiquement toucher les pattes arrière sous le corps.

Chat simulant une attaque, une patte soulevée : la posture trahit une situation de jeu car le sujet ne manifeste aucun signe typique de peur/agression (Photo Rodriguez Lo Savio)

Le bâillement ou *flehmen*

En présence de l'odeur d'urine d'autres chats, les chats adultes manifestent un comportement particulier : le bâillement, appelé également *flehmen*.
Après avoir humé puis léché l'urine, ils frappent plusieurs fois avec la pointe de leur langue leur palais, derrière les incisives supérieures ; ils mettent leur tête en arrière et ouvrent la bouche en se léchant le nez.
Cette forme particulière de bâillement ne se vérifie pas chez les chatons âgés de moins de 5 à 7 semaines. Ce comportement sert à transmettre l'odeur de l'urine à l'organe de Jacobson, qui est un organe sensoriel placé entre la bouche et la cavité nasale, au-dessus du palais dur. Les chats utilisent probablement cet organe pour identifier le sexe du sujet ayant uriné.

Photo Rodriguez Lo Savio

Montrer ses dents, comme ce devon rex dans une feinte stratégique, peut être une façon diplomatique de dire : « Vous voyez mes crocs ? »
(Photo Rodriguez Lo Savio)

Qu'y a-t-il de mieux que de jouer à cache-cache sous le plaid ?
(Photo Barozzi)

Le comportement interspécifique

Le chat est fondamentalement un prédateur et son comportement à l'égard des autres espèces est typique de celui du chasseur.

Ses proies typiques sont les petits rongeurs, les oiseaux et, dans certains habitats, les poissons, qu'il ne mange généralement pas, car crus ils contiennent une enzyme qui détruit la thiamine (vitamine B_1 essentielle à sa santé). Le chat capture poissons, lézards et insectes probablement par pur

Même le persan le plus raffiné conserve toute sa « félinité » et aime grimper aux arbres pour dominer son territoire et faire le guet (Photo Studio Fotografico Image, Brescia)

Une fois la proie repérée, le chat s'approche lentement, en aplatissant son corps et en exploitant tout ce qui peut lui servir de couverture

Une fois à découvert, le chat prend appui sur ses pattes arrière et bondit sur sa victime avec ses pattes avant bien en l'air et prêtes à la bloquer

« exercice » et par instinct. Il n'a pas besoin d'être poussé par la faim pour se lancer dans son activité prédatrice ; tous les propriétaires de chats savent que même un minet grassouillet bondit comme un ressort en présence d'une proie éventuelle, pour la capturer et jouer avec elle, voire la donner vivante en cadeau à son humain « adoré ».

En ce qui concerne les animaux apparemment dangereux ou plus gros, ils ne sont pas des proies naturelles pour le chat qui peut alors se montrer très prudent, amical (si le contexte le permet) ou en cas de nécessité (par exemple une mère sentant une menace peser sur ses petits) d'un grand courage qui lui permet d'affronter, souvent victorieusement, des agresseurs bien plus grands et bien plus forts que lui.

L'AGRESSIVITÉ PRÉDATRICE

La position furtive adoptée par le chat lorsqu'il manifeste une agressivité prédatrice est radicalement différente de la position « haute » et debout adoptée pour une agressivité territoriale ou sexuelle. Le corps d'un chat en chasse est le plus près possible du sol. Il s'approche tout doucement de sa proie, en utilisant tous les abris possibles pour se cacher. Plus le chat s'approche furtivement de sa proie, plus il avance lentement. Il hésite pratiquement toujours pendant un instant avant de sauter pour attaquer ; seul le bout de sa queue bouge légèrement tandis que le corps est aplati par terre.

Certains chats émettent un son semblable à un gazouillement, en particulier si une fenêtre les sépare de leur proie. Il suffit en général de deux ou trois sauts pour permettre au chasseur d'atteindre sa proie.

Lorsque le chat attaque un animal plus gros, il essaie toujours de le mordre tout de suite à la nuque.

Le chat fait toujours ses rondes d'exploration apparemment sans but défini, puis

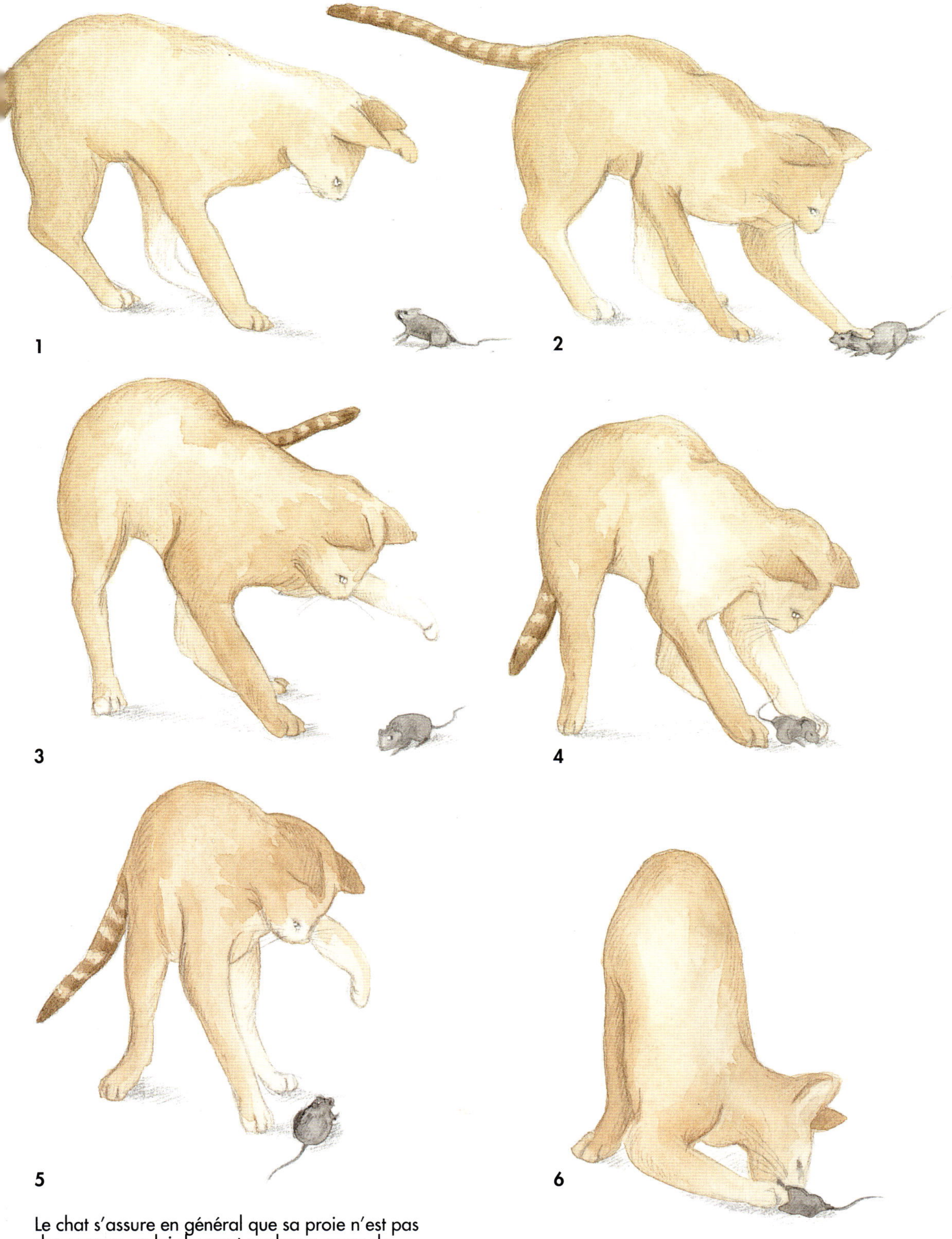

Le chat s'assure en général que sa proie n'est pas dangereuse en lui donnant quelques coups de pattes, puis la tue en la mordant à la nuque

Le chat a de grandes « facultés aériennes » : pour lui, un arbre n'est pas seulement un excellent point de vue, il peut aussi devenir un refuge tranquille pour faire un petit somme (Photo Rodriguez Lo Savio)

soudain, il « sent » la présence d'une proie éventuelle et s'active pour la chasser. Une fois la proie capturée, il ne la tue pratiquement jamais tout de suite, mais il joue avec elle, la secoue, la jette en l'air, la laisse puis la reprend. Il semble fier et conscient de sa supériorité : ce comportement est à l'origine de l'expression « jouer au chat et à la souris ».

L'ACTIVITÉ ET LE REPOS

Les chats se caractérisent par de brèves « explosions » d'activités (en tout une à deux heures réparties sur vingt-quatre heures) et en général pendant la journée. Les chats enfermés dans une cage et étudiés en laboratoire dorment dix heures par jour. Le sommeil sans rêves est en général trois fois plus long que le sommeil avec rêves.

Les chats des campagnes vivant à la ferme passent approximativement 40 % de leur temps à dormir, en particulier la nuit. Le reste du temps se partage entre le repos (20 %), la chasse (8 %, ce qui varie d'un chat à l'autre), la toilette (8 %), les déplacements (22 %) et les repas (2 %).

Les outils

La dentition typique de carnivore du chat

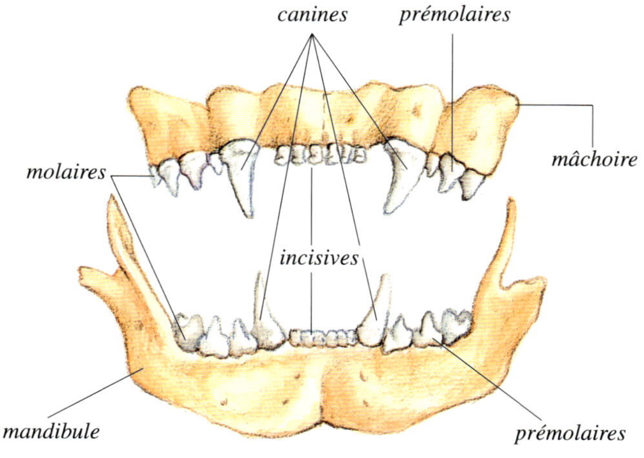

Les outils à disposition du chat pour chasser sont essentiellement un corps et des organes sensoriels extrêmement efficaces. L'organe sensoriel que le chat exploite le plus durant la phase « exploration » est l'ouïe, particulièrement sensible grâce aussi à la forme et à la grande mobilité des pavillons auriculaires. Une fois la proie repérée, le chat la regarde fixement, et suit ses mouvements. Lorsque la proie s'arrête et se trouve très près, le chat localise sa victime grâce à ses vibrisses et aux récepteurs de sa bouche.

Pour capturer une proie, le corps agile du chat est fondamental, car il lui permet de courir, de sauter et de marcher silencieusement, tout en contrôlant son appareil musculaire. Il utilise peu en revanche son odorat ; à la différence du chien, le chat ne flaire sa proie qu'à de courtes distances.

Les dents sont les instruments fondamentaux de la chasse. On en compte 30, dont la disposition est typique de celle du carnivore : dans l'arcade supérieure, six incisives, deux canines, six prémolaires et deux molaires ; autant dans l'arcade inférieure, mais avec seulement quatre prémolaires. Les incisives sont très petites et ne servent pour ainsi dire qu'au nettoyage du poil ; les canines sont grandes, parfaites pour tuer en brisant les vertèbres du cou de la proie en haut de l'épine dorsale. À la base de ces canines se trouvent de nombreuses terminaisons nerveuses qui aident à repérer le point idéal pour donner le coup fatal.

La mastication se fait en partie grâce à ses dents féroces, ses crocs, composés de la dernière prémolaire avant et de la première molaire du bas, qui se ferment en ciseaux, et réduisent ainsi les bouchées en pièces.

Les griffes, tranchantes comme des lames de rasoir, sont un autre outil essentiel à la défense et à l'attaque. Lorsque le chat se promène, ses griffes

Le mécanisme d'extraction et de rétraction des griffes

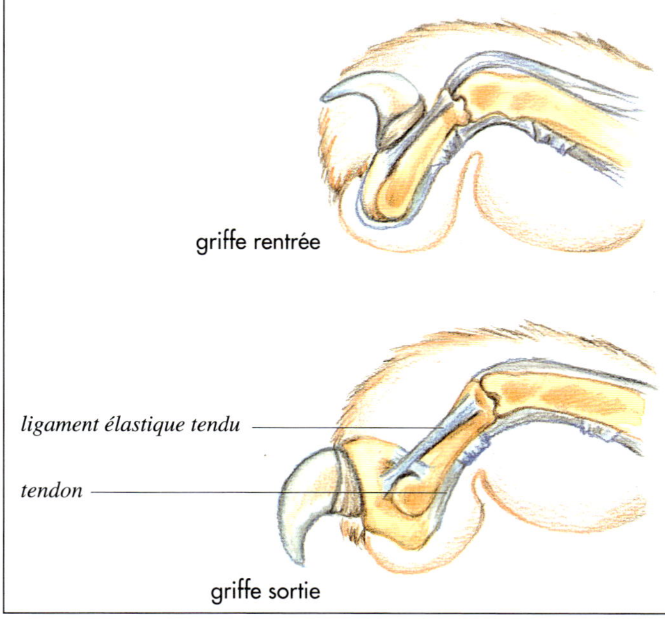

L'exemple maternel est essentiel pour que le chaton puisse appendre correctement les comportements prédateurs, faute de quoi, et spécialement chez les sujets élevés à la maison, le chat adulte pourrait en être totalement dépourvu (Photo Excalibur)

ne touchent pas terre, car elles sont rétractées ; seules les coussinets plantaires sont en contact avec le sol.
Il ne sort ses griffes – outre dans les situations où il doit se défendre ou attaquer – que pour grimper aux arbres et pour marquer son territoire.

L'éducation

L'agressivité prédatrice n'est pas facile à provoquer chez des chats qui n'ont jamais appris à chasser. Les chatons qui ont grandi avec une mère ayant tué des proies en leur présence tueront à la première occasion ; les chatons qui ont grandi seuls le font rarement et avec plus de difficultés. Les chatons apprennent naturellement à utiliser les schémas innés de comportement prédateur envers tout objet mis à leur disposition par leur mère.

En général, la mère ne laisse pas ses petits manger tout simplement la proie, mais elle la laisse aller puis la capture à nouveau, pour les stimuler ainsi à la chasse. Si les petits tentent de saisir ou de manger la proie, la mère entre alors en compétition avec eux. De cette manière, elle les dresse à chasser, en apprenant aussi bien par l'observation que par la participation directe. Les types de proies donnés par la mère peuvent influencer la gamme de proies que le chaton cherchera à attraper une fois adulte.
Une caractéristique comportementale, qui pourrait être considérée cruelle par bien des personnes, est la propension des chats à jouer avec leurs proies, avant et après leur mort. Un chat capture une souris, puis la laisse partir, et la capture à nouveau. Lorsque la souris est morte, le chat peut la jeter en l'air avec ses pattes pour lui sauter ensuite dessus. On ne connaît pas la fonction précise de ce comportement : il peut stimuler l'appétit ou, peut-être, refléter un comportement « exhibitionniste ». Les chats réellement affamés jouent rarement avec leurs proies, mais les consomment rapidement après les avoir tuées en quelques secondes, dès qu'ils ont récupéré leurs forces après leur effort.

CHIENS ET CHATS

Le jeu est possible entre des espèces différentes. Les chats jouent souvent avec des chiens, avec lesquels ils ont une complicité. La plupart du temps, le chien poursuit le chat, qui lui tend soigneusement des embuscades. Chiens et chats peuvent vivre et être heureux ensemble, mais il est préférable que le maître surveille attentivement la situation.

Si le chien est arrivé le premier

Avant de ramener un petit chat à la maison où vit déjà un chien, il faut s'assurer que ce dernier soit bien dressé et en mesure de comprendre et d'obéir à deux ordres simples : « laisse ! » et « arrête ! ». Pour plus de sécurité, il est préférable de dresser le chien quelques semaines avant l'arrivée du chat.
Le chat doit arriver à la maison dans sa boîte, qui sera posée dans une pièce. Le chien fait son entrée en laisse tandis que le chat est en sécurité dans sa boîte, ainsi les deux animaux peuvent s'observer à une distance de sécurité. Le chien doit être libre de flairer le chat, mais si vous remarquez qu'il s'excite un peu trop, vous devez lui ordonner « laisse ! », puis l'éloigner, et le faire sortir de la pièce en fermant la porte, pour laisser

La posture typique, entre l'attaque et la défense, d'un chat effrayé par un chien

Il peut arriver que le meilleur ami d'un chat soit un chien : ce chartreux est inséparable de « son » shih tzu (Photo Zermiani)

Ce magnifique exotic brown tabby partage la couche de ses amis labrador (Photo Santi)

au chat la possibilité de sortir de sa boîte. Les deux animaux doivent s'habituer ainsi l'un à l'autre pendant deux semaines ; puis, vous pouvez mettre une barrière transparente, de sorte que chien et chat puissent s'observer, sans que le chien puisse entrer. Seul le chat doit pouvoir prendre l'initiative d'augmenter le degré d'interaction.
Sous aucun prétexte, vous ne devez tolérer le moindre comportement agressif de la part du chien, et le tenir sous contrôle jusqu'à ce que la situation s'arrange définitivement et complètement. Avec un peu de patience, et si vous leur accordez tout le temps nécessaire, chien et chat pourront devenir de bons amis, et il ne sera pas rare de les voir manger, jouer et dormir ensemble, vivre d'amour et de complicité.

Si le chat est arrivé le premier

La situation est différente si le chat est le « maître de maison » et si le chien est le nouveau venu. Là encore, il est bon de tout planifier à temps. Il faut tout d'abord préserver l'endroit où le chat consomme sa nourriture, et où se trouvent ses gamelles. En effet, la nourriture pour chats a une teneur protéique plus élevée que celle pour chiens, c'est pourquoi elle est plus appétissante ; le nouveau venu risque de se jeter sur le repas de minou, lequel ne sera certainement pas heureux de le partager avec cet intrus. Vous devez alors déplacer les gamelles à un endroit où le chat pourra manger sans être importuné.
La litière doit également se trouver hors de portée du chien, pour éviter que celui-ci, satisfaisant un vice typique chez le chien, n'essaie d'ingurgiter les fèces du chat et afin d'assurer au chat, dont on connaît la grande pudeur à assumer ses fonctions physiologiques, toute l'intimité à laquelle il a droit. Une solution possible consiste à sécuriser l'accès à la pièce où se trouve sa litière grâce à une chatière, inutilisable pour le chien.

LE CHAT ET LES AUTRES ANIMAUX DE LA MAISON

Il est inutile d'essayer de nouer une amitié entre le chat et les oiseaux, les reptiles, les poissons, les lapins ou les rongeurs, que souvent bon nombre de personnes ont chez eux. N'oubliez pas que le chat, même si vous le trouvez aimable comme animal de compagnie, est un prédateur aux instincts très prononcés, qui considère tous les autres animaux plus petits comme ses proies naturelles.

Il vaut mieux ne pas mettre le chat dans des situations trop tentantes et le maintenir éloigné des autres petits animaux.
Si vous ne les protégez pas, il est pratiquement certain que, lorsque vous ne serez plus dans les parages pour contrôler la situation, le chat essaiera de les attraper. Assurez-vous alors qu'ils sont bien à l'abri et calmez les ardeurs du chat avec un pulvérisateur d'eau si son intérêt vous semble trop prononcé pour ses proies potentielles.

Photo Rodriguez Lo Savio

Vous devez effectuer ces changements au moins deux semaines avant l'arrivée du chiot, pour que le chat puisse s'habituer à ces nouveautés.

Il est impératif d'empêcher dès le début le chien de tourmenter le chat, en le pourchassant et en le poursuivant dans toute la maison : au début, tenez le chien en laisse pour corriger sans cesse ses éventuelles fautes de comportement. Ce serait une erreur stratégique que de vouloir contraindre le chat à interagir dès le début avec le chien : il est important de lui donner le temps de nouer une amitié selon son propre rythme et à sa façon.

Parfois, le chat semble très mal réagir à la présence du nouvel arrivant, donnant des signes importants de stress (en cessant par exemple d'utiliser le bac à litière et en commençant à souiller la maison) ; dans ce cas, et même si cela peut sembler un peu cruel, compte tenu que le chat était le premier arrivé à la maison, on peut adopter les mêmes méthodes utilisées pour l'arrivée d'un chaton dans une maison où se trouvait déjà un chien. Il faut néanmoins isoler le chat dans une pièce avec ses gamelles, son bac à litière, son griffoir et ses jouets, et le laisser dans cette zone protégée tant que le processus d'adaptation n'est pas complet.

LE CHAT ET LES ENFANTS

Il semble naturel que les chats et les enfants puissent être bien ensemble, mais il est recommandé de fixer certaines règles pour leur bien-être à tous les deux. Les enfants peuvent blesser sérieusement les chatons en les manipulant maladroitement, en particulier s'ils sont tout petits. D'un autre côté, le chat peut aussi les griffer ou les mordre. Pour que chats et enfants cohabitent sereinement, il faut les surveiller jusqu'à ce que, avec le temps, les enfants apprennent comment manipuler un chat, tout en le respectant.

Souvent les petits enfants manipulent mal les animaux, en les serrant violemment, en les retenant contre leur volonté ou en les saisissant maladroitement : ce chartreux donne ici la preuve de sa nature pacifique, patiente et de son tempérament aimable, en se laissant malmener par son petit maître adoré (Photo Excalibur)

Photo Guerrini/Excalibur

Quant au comportement à adopter à l'égard des chats, on peut subdiviser les enfants en trois groupes d'âge aux caractéristiques très différentes :

1. Les nouveau-nés ne devraient jamais être laissés seuls avec un chat en liberté, ni avec aucun autre animal. Le chat ne représente certainement pas une menace pour le bébé, mais tenir l'animal éloigné si un adulte n'est pas là pour les surveiller est une question de bon sens.

2. Les enfants de un à trois ans peuvent être un vrai tourment pour le chat et mettre sa patience à rude épreuve. À cet âge-là, ils ne comprennent pas qu'un chat ne peut pas être secoué, battu et jeté comme une poupée de chiffon. Le chat, exaspéré, finira par griffer ou mordre l'enfant. Il est donc nécessaire de surveiller toutes les interactions entre les deux et de destiner au chat « une zone franche » où l'enfant ne pourra pas le rejoindre et où il pourra se reposer en paix sans être tourmenté.

3. À partir de 3 ans, lorsque les enfants commencent à fréquenter l'école maternelle, ils sont capables d'apprendre à s'occuper du chat, avec un certain sens des responsabilités, mais toujours sous le contrôle parental. Vous pouvez enseigner à l'enfant comment se comporter avec un chat, en le récompensant, s'il se montre gentil et affectueux avec l'animal, en le caressant tout comme il caresse l'animal, pour lui faire comprendre comme c'est agréable. De la même façon, s'il maltraite l'animal, en le frappant par exemple, on peut lui donner une petite « tape » symbolique, pour lui faire comprendre que c'est mal.

COMMENT MANIPULER UN CHAT

Il est très important de montrer aux enfants comment tenir correctement un chat dans ses bras, en le soutenant sous le thorax et sous les pattes arrière, lesquelles ne doivent pas être pendantes. Si le chat se sent en sécurité, il est peu probable qu'il se contorsionne, s'agrippe avec ses griffes puis morde.

Le point le plus sensible du chat est l'estomac : si vous le touchez, il est fort probable que vous serez griffé. Même si certains chats semblent apprécier d'être touchés à cet endroit, au bout d'un certain temps ils se révoltent, griffent avec leurs pattes arrière et mordent. Il faut enseigner aux enfants à les caresser à des endroits plus « heureux », comme par exemple derrière les oreilles.

Photo Cerri/Excalibur

LE COMPORTEMENT INTRASPÉCIFIQUE

Les chats ont une organisation sociale très fluide. Lorsque les sources de nourriture se dispersent de part et d'autre du territoire, comme par exemple sur une île peuplée d'oiseaux nidifiant par terre, les chats sont solitaires ; mais si la nourriture est abondante et concentrée à un seul endroit, comme dans une ferme, les chats sont très « sociaux ». Ils vivent en général en groupes composés d'un mâle et de quelques femelles apparentées entre elles. Les chats se font la toilette mutuellement et peuvent se partager l'éducation des petits ; il leur est en revanche plus difficile d'accepter l'arrivée d'un autre chat adulte dans le groupe.
Dans un habitat rural, le territoire des chats peut atteindre 1,2 ha par femelle et 12 ha par mâle. En ville, la densité est si élevée que l'on peut compter 10 chats pour moins d'un de-

Couple de chartreux : le mâle est attentif, dans une posture de domination de la femelle, prêt à bondir ; la femelle est plus « collée » au sol, dans une attitude de soumission un peu inquiète (les oreilles sont aplaties vers l'arrière) (Photo Studio Fotografico Image, Brescia)

Ce persan bicolore s'aventure prudemment sur un territoire colonisé par d'autres chats
(Photo Studio Fotografico Image, Brescia)

mi-hectare. En général, le territoire d'un mâle dominant inclut les territoires des femelles. Bien que le mâle ne chasse pas sur le territoire des femelles, il chassera tout intrus mâle. Les chats peuvent partager une zone centrale générale, mais la majeure partie de leur activité et la chasse se font sur des zones territoriales dont ils ont l'exclusivité. L'exploration du territoire et son marquage répété sont des actes nécessaires pour conserver cette exclusivité.
Outre l'agressivité prédatrice en dehors du groupe social, le chat peut manifester également une agressivité intraspécifique pour différentes raisons, qui ne sont en même temps pas si différentes les unes des autres que cela : elles ont une fonction sociale, sexuelle ou territoriale.

Un salut nez contre nez représente souvent une première phase exploratrice entre chats, destinée à sonder les intentions respectives

L'AGRESSIVITÉ SOCIALE

Lorsque deux chats s'approchent l'un de l'autre avec des intentions agressives, ils marchent sur la pointe des pattes, agitent lentement leur queue à hauteur des jarrets, tournent la tête d'un côté mais se fixent directement dans les yeux. Leurs attitudes menaçantes peuvent suffire pour que l'un des deux se soumette et prenne la fuite. Si les deux rivaux ne veulent pas céder, il est fort probable que cela se terminera en affrontement. Ils marchent tous deux l'un derrière l'autre, prudemment, puis l'un des deux bondit tout à coup, pour tenter de saisir son rival à la nuque, lequel se met aussitôt sur son dos pour se protéger. Les deux adversaires gisent à terre, panse contre panse, ils miaulent, se griffent et se mordent mutuellement. Puis, un des deux, en général celui qui a donné l'attaque, se libère de l'emprise de son rival pour prendre une nouvelle posture de défense, ou d'attaque, ou alors il cède et s'enfuit. En général, le vainqueur poursuit le vaincu ayant pris « ses pattes à son cou ».
Quand ils vivent ensemble dans le même habitat, les chats constituent entre eux une hiérarchie fondée sur le principe de la domination. Lorsqu'un chat se roule à même le sol, il ne le fait pas seulement pour manifester son excitation et sa disponibilité sexuelle pendant le rituel de séduction ; cela peut aussi être un acte de démonstration d'un chat non dominant ou simplement jeune (c'est comme si le chat disait à son interlocuteur « regarde comme je suis un chaton joueur… » ou encore « t'as vu, je suis comme une femelle en chaleur… »). Quoi qu'il en soit, les actes d'agression existent et persistent même dans un contexte de cohabitation.

L'AGRESSIVITÉ SEXUELLE ET TERRITORIALE

On peut observer un cas d'agressivité directe d'un chat envers sa partenaire sexuelle lorsque l'étalon mord la femelle à la nuque avant de la saillir. Il est probable que le mâle « la mette à l'épreuve », car seule une femelle en chaleur se soumettrait à un tel traitement. Immédiatement après le coït, la femelle peut se retourner vers le mâle, souffler,

Chaton femelle persan écaille de tortue et persan red tabby adulte : petits et adultes, même s'ils n'ont aucun lien de parenté, peuvent vivre en harmonie. Normalement, le chaton est accepté et toléré
(Photo Ferrari)

et tendre ses griffes vers lui. Les duels entre mâles en compétition pour une femelle en chaleur sont les combats intraspécifiques les plus courants : ils sont très fréquents mais aussi très violents. On considère que les chats ne sont pas une race sociale, parce qu'ils ne vivent pas en groupes à l'âge adulte.

La surpopulation féline en milieu urbain est à l'origine de nombreuses disputes territoriales et les combats entre chats sont un véritable problème. On amène régulièrement des chats chez le vétérinaire pour soigner blessures et infections dues à des morsures ou des griffures. La castration est un bon moyen d'éliminer tout problème de vagabondage et de bagarres à connotation sexuelle, même si la disparition de ces comportements indésirables ne se vérifie pas toujours (environ 90 % des cas). Les chats partageant le même habitat peuvent se « partager » les différentes zones d'une maison : un au premier étage, l'autre au deuxième. On observe parfois deux chats appartenant à une même personne s'allier pour attaquer un autre chat appartenant à l'autre personne vivant dans la maison. L'introduction de nouveaux chats dans une maison peut, en effet, bouleverser l'ordre hiérarchique et engendrer un comportement de « marquage » avec jets d'urine à chaque coin de pièces.

Pendant les affrontements entre deux chats rivaux, la position de défense, debout sur les pattes arrière, permet également de frapper l'adversaire à la tête et à la nuque

Le chat au second plan se couche dans une position typique de défense face à l'arrivée d'un sujet menaçant

Le chat menaçant renonce à passer à l'attaque, pour passer à une activité typique de « substitution » : il se met à renifler le terrain

Mâle (au centre) et son harem : les deux chattes cohabitent et se supportent en restant à une certaine distance l'une de l'autre ; dans certaines situations bien particulières (gestation, allaitement, soin des petits), les femelles peuvent entretenir une collaboration bien plus étroite (Photo Studio Fotografico Image, Brescia)
À la page ci-contre, chatte balinaise s'affichant dans la posture typique d'une femelle en chaleur, sexuellement disponible et réceptive : corps baissé sur les pattes avant, soulevé sur les pattes arrière, exhibant sa zone génitale, la queue soulevée et déplacée sur le côté (Photo Rodriguez Lo Savio)

LA CASTRATION

La castration est une méthode largement utilisée pour modifier le comportement sexuel des chats mâles. Castrer pendant la période qui précède la puberté (avant l'âge de six mois) élimine en général tout comportement sexuel. Certains propriétaires s'y opposent et affirment que cela « féminise » trop le chat : ils préfèrent alors retarder la castration au douzième ou au quatorzième mois, ou juste après le premier incident grave provoqué par une bagarre.

La castration est un moyen efficace de réduire ou d'éliminer les bagarres, le vagabondage et le marquage du territoire. Cependant, environ 10 % des chats castrés manifestent toujours ce type de comportement après l'opération. Ces échecs sont probablement dus à son éducation et à ses précédentes expériences sexuelles. Les propriétaires devraient limiter les sorties de leurs chats castrés à l'extérieur, et ce même après l'opération, tant que leur intérêt pour les femelles n'aura pas complètement disparu.

Lorsque les chats se battent pour leur territoire ou pour s'accoupler, ils se lancent dans des exhibitions rituelles qui souvent suffisent à régler le problème. Si un chat en attaque un autre, ce dernier adopte tout d'abord une tactique défensive en se roulant sur un côté et en arquant le dos pour sembler plus gros. Si l'agresseur continue de s'approcher, l'autre se pelotonne et souffle contre son adversaire. Le duel continue tant que l'un des deux ne se décide pas à partir le plus dignement possible

1

2

3

4

5

6

1

2

Si la parade amoureuse peut durer longtemps, en revanche l'acte sexuel à proprement parler est très rapide. La femelle indique qu'elle est prête à s'accoupler en poussant des miaulements particuliers, et en déplaçant sa queue pour montrer sa zone génitale au mâle qui lui tourne autour. Le mâle lui monte dessus, en la saisissant par la peau du cou avec ses dents, puis arque son dos pour pouvoir la pénétrer. À la fin, la femelle pousse un cri de douleur et se retourne agressivement vers le mâle. Le coït est en effet très douloureux pour la femelle, car le pénis du chat est parsemé de « petits pics », dont la violence de l'action provoque automatiquement l'ovulation

3

4

LE COMPORTEMENT ENVERS LES PETITS

LES PREMIERS JOURS DE LA VIE D'UN CHATON

Pour repérer leur mère, les chatons nouveau-nés ressentent probablement la chaleur qui se dégage de son corps et de ses mouvements. Une fois le contact établi avec elle, les chatons, qui sont aveugles et sourds, se fient à leur odorat et probablement aussi à leurs sensations tactiles pour repérer les mamelles. En général, la plupart des chatons sont en mesure de téter une à deux heures après la naissance. Ils se déplacent en se traînant sur leurs pattes avant et en « ramant » avec leurs faibles pattes arrière. Pendant qu'ils avancent, ils bougent la tête de gauche à droite ; lorsqu'ils arrivent enfin à la mamelle, ils jettent leur tête en arrière puis s'élancent en avant vers le mamelon la bouche ouverte pour assurer leur prise. La mère s'installe d'une certaine manière pour faciliter le parcours de ses petits jusqu'à la zone mammaire.

Les nouveau-nés « sentent » la chaleur du corps maternel et se dirigent aussitôt vers les mamelles ; la compétition est très forte pour avoir la meilleure place (les mamelles qui donnent le plus de lait) ; puis la situation se stabilise et chaque chaton revient vers « son » mamelon (Photo Strike Mc Clelland)

Une boîte en carton doublée de papier journal peut faire un très bon nid

Les mamans chattes sont capables de transporter un chaton sur un long trajet et même de sauter. Cette technique de transport est courante même si les chatons sont âgés de trois semaines et sont donc déjà assez gros

Saisir le chat par la peau du cou signifie également affirmer sa domination, même lorsque le chat est adulte, car il se sent ainsi traité comme un chaton

La toilette joue un rôle important dans le comportement maternel des chats, comme chez la plupart des mammifères. La chatte lèche souvent ses petits, et plus particulièrement la zone périanale pour les stimuler à uriner et à déféquer. Comme la plupart des carnivores, la chatte ingère l'urine et les excréments des chatons de nombreuses semaines encore après la mise bas, pour que l'endroit où ils dorment et mangent reste propre

Au deuxième jour de vie, un « ordre de tétée » s'établit au sein de la plupart des portées, et sera pour ainsi dire toujours respecté. Contrairement à ce que l'on pourrait croire, ce n'est pas toujours le chaton le plus gros qui s'assure la meilleure place (une mamelle bien placée et riche en lait). Une fois l'ordre établi, les chatons se servent de la présence de leurs frères pour trouver le chemin vers « leur » mamelle, même si parfois ils sont plus un obstacle les uns pour les autres qu'un réel soutien pour atteindre leur objectif.

Les chatons massent la zone mammaire de leur mère avec leurs pattes avant afin de solliciter le flux de lait, dans un mouvement typique de « pétrissage ». Ce mouvement des pattes est propre aux chats et se poursuit à l'âge adulte. Il reflète alors certainement quelque chose d'agréable, une situation gratifiante, comme par exemple le simple fait d'être confortablement installé et de se sentir en sécurité sur le ventre de son maître qui le caresse doucement.

On peut distinguer trois phases dans la période d'allaitement des chatons :

1. La première phase comprend les deux premières semaines de vie, au cours desquelles la mère prend elle-même l'initiative d'allaiter ses petits.
2. La deuxième phase concerne la troisième semaine de vie, au cours de laquelle l'initiative est à la fois de la mère et des petits.
3. Durant la troisième phase (la quatrième semaine), ce sont les chatons qui prennent l'initiative.

Il est probable que, durant les premières phases, l'allaitement représente un moment de plai-

Deux chats occupés à faire leur toilette
(À droite, photo Excalibur, ci-dessous, photo Studio Fotografico Image, Brescia)

Persan blanc : entretenir une telle robe n'est pas chose aisée (Photo Excalibur)

sir tactile pour la mère. À partir de la troisième semaine, au fur et à mesure que les petits grandissent et qu'ils deviennent de plus en plus insistants, la mère commence à décourager leur tentative d'approche des mamelles en s'éloignant d'eux. Les chattes peuvent aussi recourir à la technique du léchage intensif des chatons pour les empêcher de téter.

La technique de « récupération » des chatons est bien différente de celle des chiots. La chatte les récupère en réponse à des indices plus auditifs que visuels : plus un chaton émet des sons, plus sa mère sera en mesure de le retrouver. En général, la chatte soulève son petit en le prenant par la peau du cou, mais parfois elle saisit toute la peau du crâne, voire la tête entière dans sa gueule.

L'ADOPTION DES CHATONS

Pendant la période de l'allaitement, les chattes acceptent les petits d'autres mères s'ils ne sont pas beaucoup plus gros que leurs chatons. L'instinct maternel est très fort et persiste longtemps ; si une chatte se voit retirer ses chatons à la naissance, elle peut facilement adopter un autre chaton, voire un écureuil, même quelques semaines plus tard.

L'instinct maternel est très fort chez les chattes et il peut se manifester à l'égard d'autres espèces : cette chatte persane a adopté un chat léopard et un chat sauvage asiatique (*Felis bengalensis*) (Photo Rodriguez Lo Savio)

LA SOCIALISATION

La période critique de la socialisation des chats se situe entre la deuxième et la cinquième semaine de vie, et donc avant que la plupart des chatons ne gagnent le domicile de leurs futurs propriétaires. Il est donc très important que les chatons soient manipulés par l'homme à partir du moment où ils ont ouvert les yeux jusqu'à leur adoption. Les chatons issus d'une portée qui n'a jamais été en contact avec l'homme

Les chatons en bonne santé tendent à rester en groupe et ne dédaignent pas la compagnie de douces et chaudes peluches, comme cette portée de chartreux âgés de 30 jours (Photo Strike Mc Clelland)

souffleront et montreront une attitude méfiante à son égard dès leurs deuxième ou troisième semaines de vie ; en revanche les chatons issus de la même mère, mais nés et élevés dans un contexte permettant le contact avec les humains, n'auront pas aussi peur. Il est donc essentiel de manipuler les chatons chaque jour dès leur premier mois de vie, afin de développer et également d'améliorer leur capacité d'apprentissage.
La procédure de sevrage se fait différemment en fonction de l'âge du chaton. Les chatons sevrés à douze semaines ne pleurent pas lorsqu'ils sont séparés de leur mère, même s'ils ont été nourris avec son lait. Les chatons sevrés à six semaines pleurent pendant un jour ou deux. S'ils ont été sevrés à deux jours puis nourris au biberon, ils peuvent pleurer pendant une semaine. Un chaton qui n'a jamais eu la possibilité de jouer avec d'autres chats, lorsqu'il était petit, ne saura pas une fois adulte comprendre les signes d'invitation au jeu. Les chatons ont un patrimoine génétique idéal pour que se forment les connexions neurologiques nécessaires au développement d'un comportement social ; cependant, cela ne s'applique qu'aux chats ayant su passer la phase « critique » du chaton.

ANOMALIES DU COMPORTEMENT MATERNEL

On trouve peu d'anomalies dans le comportement maternel des chats, comme le démontre leur reproduction très prolifique. Il peut arriver qu'une mère refuse sa portée, mais c'est beaucoup moins fréquent que chez les autres espèces.

On observe rarement des cas de cannibalisme chez la mère ; elle se produit en général au moment de la mise bas ou tout de suite après. Une chatte inexpérimentée mange normalement le placenta et le cordon ombilical, mais parfois elle ne sait pas s'arrêter et mange ainsi accidentellement le chaton. De même, les cas d'étalons mangeant des chatons sont très rares, et en général il ne s'agit pas de leurs propres petits.

Les chattes s'occupent parfois mutuellement des petits et les élèvent ensemble. Il arrive d'ailleurs qu'une chatte récemment stérilisée « vole » les petits d'une autre chatte, vivant dans la même maison, pour s'en occuper (on peut pallier cet inconvénient en installant la mère et ses petits dans une pièce à part). Le comportement maternel est indépendant des hormones ovariennes ; il peut être stimulé par une forte chute du niveau d'œstrogène et de progestérone, qui se produit après la stérilisation comme après la mise bas.

Étant donné que les chats apprennent à socialiser tout petits, il faudrait, si possible, intégrer les chatons orphelins dans la portée que la mère est en train d'allaiter. Si l'allaitement artificiel peut combler les exigences nutritionnelles d'un chaton, il ne peut certainement pas répondre aux exigences de caractère social.

Un chaton seul a tendance à se montrer craintif et face à de nouveaux stimuli, il prend une posture recroquevillée, tout en restant sur le qui-vive (yeux ouverts, oreilles hautes et orientées vers l'avant) (Photo Paletti)

Chatons âgés de deux mois, attentifs et curieux (Photo Paletti)

Grâce à la présence rassurante de maman, on peut dormir en toute sérénité ! (Photo Rodriguez Lo Savio)

Les phases du sommeil chez les chatons se modifient au cours de leur croissance. Le temps au cours duquel les chats restent éveillés ne varie pas avec l'âge, mais la quantité de sommeil REM, caractérisé par des contractions musculaires et des rêves, diminue pour faire place à des sommeils sans rêves. Les cycles de sommeil sont bien plus courts chez les chatons que chez les adultes.

Le chat dort environ seize heures par jour : en vivant avec nous, il apprend à dormir dans une position... humaine. Il n'est pas rare d'observer notre chaton en train de rêver : il bouge les pattes ou la lèvre et la langue comme s'il suçait quelque chose. Au fur et à mesure qu'il grandit, le chat dort de plus en plus profondément, pendant de courtes périodes et sans rêver.

Un chaton rencontrant un congénère tout aussi effrayé et menaçant que lui. Au bout de quelques semaines, le chaton s'habitue à toutes les nouveautés

LE DÉVELOPPEMENT NEUROLOGIQUE

On peut suivre le développement neurologique d'un chaton en fonction de son développement moteur. Au début, le chaton se traîne en s'aidant de ses pattes avant, mais, peu à peu, les pattes arrière se renforcent et augmentent les mouvements de poussée. Les yeux s'ouvrent entre le sixième et le douzième jour de vie ; le réflexe d'orientation qui fait tourner la tête en réponse à des stimuli auditifs se développe un ou deux jours avant.

Au fur et à mesure qu'ils grandissent, les chatons savent peu à peu retrouver seul le chemin de leur couche : une fois les yeux ouverts, ils savent utiliser les stimuli visuels, alors qu'ils n'utilisaient auparavant que les stimuli olfactifs.

L'acuité visuelle et la capacité de voir augmentent énormément entre la deuxième et la dixième semaine. Par exemple, les chats adultes (tout comme les chiens) réagissent à la vue de la seule silhouette d'un animal de leur espèce comme s'il s'agissait d'un vrai animal : ils sont apparemment effrayés et hérissent leur poil (piloérection) lorsqu'on leur montre cette image pour la première fois. Les chatons de cinq semaines ne réagissent pas du tout, et ceux de six semaines réagissent peu, alors qu'à huit semaines ils réagissent comme les adultes.

Les chatons émettent des ultrasons perceptibles par la mère. Les plus petits chatons sont moins actifs et s'ils sont posés sur une surface tiède, ils émettent des sons de plus faible intensité et fréquence ; cet effet calmant du stimulus thermique disparaît après la première semaine de vie. Un chaton laissé seul pleure en émettant environ quatre cris à la minute à trois semaines de vie ; plus grand, il pleure moins. La réponse à la contrainte physique ne change pas au cours de sa croissance (cinq cris à la minute).

La socialisation des chatons est indispensable pour leur bon développement neurologique et comportemental

Le jeu

Les chatons s'adonnent aux jeux au début de la troisième semaine de vie, c'est-à-dire au moment où la mère commence la phase de sevrage en repoussant les tentatives de téter de ses petits. Le premier type de jeu entre les petits consiste à se toucher délicatement avec les pattes. Au fur et à mesure que la coordination motrice s'améliore, le toucher est remplacé par le mordillement, la poursuite et les roulades. Un chaton disposé à jouer est couché sur le dos, les quatre pattes en l'air. Le jeu comme activité sociale s'intensifie de la quatrième à la onzième semaine, puis diminue rapidement. Au début, trois ou plusieurs chats peuvent jouer ensemble en même temps, mais à partir de huit semaines, la plupart d'entre eux jouent en couple. À neuf semaines, ils jouent environ une heure par jour au total.

La plupart du temps, le jeu commence comme une embuscade et se termine par une poursuite ; les autres activités consistent à s'affronter de loin, en bombant le dos et la queue

La chatte surveille d'un œil vigilant les premiers jeux des chatons (Photo Rodriguez Lo Savio)

puis en se battant au corps à corps, dans une posture verticale, en se tenant debout sur les pattes arrière. Les chatons sont plus enclins à se donner des coups de pattes qu'à se mordre, contrairement aux chiens.

Les scènes répétées d'embuscade et de poursuite (on peut compter jusqu'à une poursuite à la minute) font supposer qu'il s'agit de « coups d'essai » avant la vraie chasse. Le jeu peut occuper 9 % du temps total d'un chaton, mais il ne représente que 4 à 9 % de sa dépense énergétique, ce qui signifie que le jeu est une activité importante mais qu'elle ne représente pas une grosse dépense énergétique. Dans la mesure où les chats sont des créatures solitaires une grande partie de leur vie d'adulte, le jeu peut représenter une occasion de socialisation intra-spécifique plus importante que chez toute autre espèce. Le jeu peut aussi avoir lieu avec des espèces différentes : les chats jouent souvent avec les chiens dont ils se sentent complices. Ces jeux interspécifiques consistent la plupart du temps à ce que le chien poursuive le chat qui lui tend des embuscades.

Le jeu aide les chatons à développer leurs facultés psychomotrices. À six-huit semaines, ils commencent à simuler de véritables affrontements, avec poursuites, embuscades, bagarres, morsures, etc.

LE JEU DE PRÉDATION

La mère joue un rôle actif dans le développement du comportement de prédation de ses petits. Elle ne se contente pas d'attaquer et de manger ses proies devant eux, elle émet également des sons pour attirer leur attention. On observe ce phénomène notamment lorsque les chatons ont entre quatre et huit semaines ; il ne se reproduit que rarement ensuite. Son exemple est essentiel et les chatons apprennent bien mieux en observant leur mère qu'en observant n'importe quel autre chat (ils sont par exemple moins réactifs devant une proie si celle-ci attire déjà l'attention d'un petit frère).
L'activité prédatrice augmente autour de huit semaines ; à cet âge, la plupart des

Pendant le jeu, les chats peuvent se mettre sur leurs pattes arrière, parfois en se tenant en posture verticale
(Photo Rodriguez Lo Savio)

Le chaton est toujours prêt à jouer : une baguette surmontée d'une touffe de fils argentés est une attraction à laquelle il ne peut résister (Photo Santi)

Sans la compagnie de ses congénères, le chat s'habitue à jouer seul, avec un jouet, comme une balle ou un jouet que vous aurez inventé : une balle en papier, une ficelle, un pot renversé et même son ombre. Le jouet est essentiellement une proie symbolique (Photo Schwartz/Excalibur)

Photo Barozzi

chatons sont capables de tuer et de manger des souris et la chasse devient une activité plus importante que le jeu.
Une fois la proie tuée et mangée, les chatons retournent jouer ensemble, ce qui montre que l'intérêt pour le jeu est encore présent, même s'il est moins fort que l'intérêt pour la chasse.
À partir de deux mois, on peut déceler les chatons plus effrayés qu'agressifs à l'égard des proies (et des autres chats) : ces chatons sont réticents à l'idée d'explorer les alentours et à se relaxer en présence d'êtres humains dans un habitat inconnu. Ce tempérament est loin d'être positif, car si certaines personnes préfèrent des chats qui ne chassent pas et sont dépourvus d'agressivité, il est tout de même préférable qu'ils se montrent aimables et à l'aise dans des habitats qui leur sont moins familiers.

QUAND LE JEU DEVIENT UN PROBLÈME

Le jeu peut devenir un problème s'il se répète trop souvent et trop bruyamment au beau milieu de la nuit. C'est ce qui risque de se produire si le chaton est laissé seul et dort une bonne partie de la journée, car il a moins d'opportunités de s'amuser.

Infliger une punition immédiate peut inhiber le tempérament joueur du chaton, même s'il est parfois désagréable ; mais il est fort probable que le chaton ira tout simplement jouer plus loin tout en continuant à courir à travers la maison et à heurter des objets. Une solution simple pour canaliser ce tempérament consiste à fixer un horaire régulier pour jouer, de préférence en fin de soirée ; vous pouvez utiliser pour cela des jouets pour chats. Une autre solution consiste à avoir deux chats : en général, cela résout le problème immédiatement, même si deux chats complices tout petits peuvent devenir deux adultes incompatibles.

Un vieux chat n'a plus envie de se lancer dans des jeux agités : cette européenne écaille de tortue accepte les effusions du jeune chartreux en attendant qu'il se calme ; mais s'il l'invite à participer à un jeu trop turbulent, elle finira par le repousser et s'en ira (Photo Peroni)

LE JEU SOLITAIRE

Il n'y a aucune connotation sexuelle dans le jeu des chatons. Les mâles jouent plus avec des objets que les femelles, mais les femelles ayant des camarades de jeu mâles utilisent plus souvent des objets que les femelles seules.

Les chatons jouent souvent avec de petits objets qui roulent ou avec une ficelle tirée par le maître ; ils aiment particulièrement taper sur des objets suspendus et oscillants. Les autres jeux solitaires consistent à tendre des pièges et à affronter des compagnons imaginaires, lorsqu'ils se retrouvent devant un miroir ou aperçoivent leur ombre. Le jeu solitaire est une activité pratiquée par de nombreux chats adultes. Ce tempérament joueur est un des facteurs pris en compte par les éleveurs dans leur travail de sélection, car il peut rendre un chat particulièrement attirant pour un futur propriétaire.

QUAND LE CHAT N'A PLUS ENVIE DE JOUER

De nombreux facteurs peuvent expliquer le peu d'intérêt au jeu : les jeunes chats commencent à dormir plus pendant la journée ; les chats plus âgés ont tendance à passer plus de temps en boule et au calme, mais ils sont toujours sur leurs gardes. Les jeunes mâles commencent à donner des signes d'intérêt pour la vie sexuelle à quatre mois et demi, et sont plus occupés à tenter de saillir les femelles et à les mordre au cou, même si ces dernières les repoussent tant qu'ils n'ont pas atteint la maturité sexuelle ; quant aux jeunes chats sauvages, ils consacrent de plus en plus de temps à rechercher une proie.

Les signes de vieillesse sont progressifs chez le chat : ses sens (vue, ouïe, odorat) s'affaiblissent ; l'haleine devient plus fétide en raison des problèmes dentaires. On peut s'apercevoir qu'un sujet est en train de devenir sourd lorsqu'il ne réagit plus à des stimuli sonores qui auparavant l'excitaient. On peut essayer par exemple de l'appeler par son nom ou de claquer des doigts derrière sa tête. Un chat sourd risque gros s'il a le droit de sortir, car il est incapable de se rendre compte du danger.

L'appétit peut devenir un problème pour les chats d'un âge avancé. L'odorat est fondamental pour encourager le chat à goûter d'un mets, et si ce sens est amoindri, plus rien ne lui semble alors appétissant. Étant donné que la chaleur rend l'odeur plus intense, on peut alors lui administrer un plat légèrement tiède pour stimuler son appétit.

Un vieux chat perd de la masse musculaire et semble plus osseux. Mais il peut, à l'inverse, devenir obèse, même s'il mange comme avant, car il se dépense moins.

Le poil peut devenir plus sec et la peau moins élastique. Le chat n'est plus aussi soigneux à faire sa toilette, car il n'est plus aussi agile dans ses mouvements. Il est recommandé alors de l'aider à rester propre, en le brossant plus fréquemment.

Le comportement a également tendance à changer avec l'âge. Le chat préfère dormir plutôt que de grimper aux rideaux ou de faire des acrobaties sur les meubles. Son degré d'énergie diminue, tout comme son intérêt pour le monde extérieur à la maison.

N'oubliez pas que les problèmes comportementaux sont souvent liés aux problèmes de santé. Si un chat habituellement doux et affectueux devient irritable et revêche, il peut tout simplement exprimer une douleur chronique. Un chat négligeant tout à coup son bac à litière peut, par exemple, souffrir d'une infection urinaire ou de diabète.

C'est pourquoi, il est bon de toujours observer attentivement les modifications comportementales du chat ainsi que son langage corporel.

Si la compagnie est particulièrement stimulante, même un chat adulte entrera dans le jeu

LE COMPORTEMENT À L'ÉGARD DE LA NOURRITURE

La perte d'appétit et de poids d'un chat peut inquiéter son maître, mais il s'agit d'un phénomène normal s'il n'est pas persistant et s'il ne s'accompagne pas de signes de maladie.
Les chats prennent et perdent du poids par périodes pendant plusieurs mois, tout en régulant eux-mêmes spontanément leur prise de nourriture pour maintenir un poids corporel plus bas.
Les chats mangent « par ca-

« Comme c'est bon le lait ! » Les chatons sont de grands gloutons et, au début du sevrage, ils se jettent sur leur gamelle en se salissant les uns les autres, à l'instar de ces persans crème (Photo Rodriguez Lo Savio)

lories » : si par exemple leur nourriture en boîte contient plus d'eau, ils augmentent leur consommation de nourriture et donc leur consommation totale d'eau, ce qui peut s'avérer bénéfique dans certains cas cliniques, comme les pathologies de l'appareil urinaire. Ils mangent moins lors des saisons chaudes et augmentent leur consommation lors des saisons froides par pur réflexe de thermorégulation.

S'ils ont libre accès à leur repas, de jour comme de nuit, les chats scindent leur nourriture en plusieurs petits repas, jusqu'à douze en vingt-quatre heures.

On pourrait croire que ce schéma alimentaire n'est pas naturel, car un carnivore devrait plutôt faire de gros repas à intervalles espacés. Le contenu calorique d'un repas devrait correspondre approximativement à celui d'une souris, mais un chat sauvage, s'il est un chasseur habile, capture facilement douze souris, ou trois rats, par jour.

L'OBÉSITÉ

Parmi les mauvais comportements alimentaires, la suralimentation donne le même résultat chez tous les chats lorsqu'une nourriture trop énergétique n'est pas compensée par un même excès de dépense : l'obésité.

Les sujets plus à risque sont les chats castrés et ceux vivant en appartement, qui pratiquent une vie sédentaire et sont attirés par la grande appétence de la nourriture domestique.

Le meilleur moyen de l'aider à maintenir un poids corporel normal, outre le suivi de la consommation de nourriture, est de donner au chat la possibilité de faire de l'exercice, en le laissant courir dans l'escalier, de haut en bas, et en le laissant s'adonner à des escapades au grand air.

Les chats peuvent partager la même écuelle, mais si des problèmes de cohabitation semblent s'annoncer, il est préférable de mettre le chat dominant à l'écart (Photo Rodriguez Lo Savio)

L'INAPPÉTENCE

Comme chacun sait, les chats sont des mangeurs très difficiles, ce qui implique une alimentation très appétissante. La plupart d'entre eux préfèrent le poisson à la viande et les aliments nouveaux à ceux déjà connus, comme l'ont parfaitement compris les fabricants d'aliments pour chats.

Si un aliment nouveau ne s'avère pas aussi goûteux que celui habituel, le chat voudra revenir à son régime habituel au bout de quelques jours.

La plupart des chats semblent indifférents au saccharose et donc aux douceurs à la saveur sucrée.

L'inappétence peut se transformer en problème clinique bien plus complexe, à la limite de l'anorexie.

On observe souvent chez les chats hospitalisés que des chats légèrement malades compromettent sérieusement leur santé en refusant de s'alimenter.

Même si on peut intervenir en les forçant à manger grâce à une sonde gastrique, il est préférable d'essayer de les faire manger de leur plein gré, car un aliment ingéré normalement par la bouche stimule bien plus les sécrétions gastrique et intestinale qu'un aliment introduit directement dans l'estomac par une sonde.

Pour stimuler l appétit du chat on peut également utiliser de la benzodiazépine fournie sur ordonnance par le vétérinaire.

L'HERBE À CHAT

Les chats mangent la *Nepeta cataria*, communément appelée « herbe à chat », qui favorise un comportement (roulement du corps et frottement de la tête) semblable à celui adopté durant la période des chaleurs ; rien ne certifie pourtant qu'elle contienne des substances déclenchant des comportements de type sexuel ou qu'elle procure un plaisir particulier.

La *Nepeta* contient un composant semblable à une substance présente dans l'urine de l'étalon, auquel tous les chats sont sensibles, les mâles également, et en particulier les chattes en chaleur.

L'herbe à chat stimule les comportements joueurs et les simulations de bagarre, mais elle n'incite pas, par exemple, les femelles à montrer leur zone génitale, à faire des vocalises ou à adopter des postures propres à l'accouplement. En outre, les chattes en chaleur ne secouent pas la tête comme font les chats ayant mangé de l'herbe à chat. Quant aux mâles, ils ont les mêmes réactions que les femelles après avoir ingéré de l'herbe à chat.

Les chats aiment se nourrir de végétaux et mettent les plantes de la maison à rude épreuve (Photo Excalibur)

LA MALPROPRETÉ

La tendance à uriner et à déféquer en dehors de la caisse prévue à cet effet est le trouble comportemental principal des chats vivant en appartement. Une récente étude menée aux États-Unis a révélé que 24 % des chats n'utilisent pas la litière. La plupart d'entre eux sont des sujets mâles, qui urinent dans la maison ou à un mauvais endroit ; mais on observe ce problème également chez des femelles non stérilisées, en particulier au moment des chaleurs. Les objets et endroits les plus couramment souillés sont l'électroménager, les radiateurs, les débarras, les corbeilles à linge, les bureaux, les haut-parleurs des chaînes stéréo, et tous les nouveaux objets comme les sacs des courses, les boîtes en carton et parfois même les jambes des invités. Ce pro-

Le chat a tendance à se servir d'une jolie boîte comme d'un nid douillet mais il peut parfois s'en servir comme d'un réceptacle pour ses excréments, en particulier si elle est mal placée, si elle est sale ou utilisée par d'autres chats (Photo Strike Mc Clelland)

■ UNE ORIGINE PATHOLOGIQUE

Le nombre significatif de chats salissant la maison semble lié à la présence de cystite, d'urétérite, de blocages urétraux ou de pathologies des voies urinaires.

La présence de sang dans les urines confirmera l'existence de cette pathologie.

Si le chat semble montrer de l'aversion pour le bac à litière, la réalité est qu'il y a urgence à uriner et que cet acte est douloureux.

On pense que les formes de cystites résistant aux thérapies traditionnelles peuvent être traitées à l'aide d'un antidépresseur, ce qui confirmerait que la pathologie aurait une composante psychologique liée à l'anxiété.

En général, le chat s'habitue facilement et dès son plus jeune âge à utiliser le bac à litière, mais il faut toujours respecter les normes fondamentales d'hygiène et surveiller attentivement tout signe de mécontentement par rapport à son usage habituel (Photo Rodriguez Lo Savio)

blème afflige beaucoup les maîtres et les pousse à envisager des solutions extrêmes, comme l'abandon ou l'euthanasie. Il est très frustrant d'avoir à choisir entre vivre dans la puanteur ou se débarrasser de son cher compagnon. Dans des circonstances normales, les chats sont d'une grande propreté dans leur vie domestique, ce qui signifie que ce comportement doit avoir des bonnes raisons, étroitement liées au marquage du territoire.

Dans 90 % des cas, la castration vient à bout du problème ; s'il persiste, il est lié à des conditions de stress ambiant et d'agressivité envers les autres sujets. Si pour une raison quelconque un chat est anxieux, il manque alors d'assurance et ressent fortement le besoin de marquer son territoire.

L'HYGIÈNE DU BAC À LITIÈRE

On peut décrire le comportement d'un chat satisfait de sa caisse et de sa litière de la manière suivante : il entre d'un pas décidé dans la caisse, choisit soigneusement un endroit, creuse un petit trou, se tourne et fait ses besoins en maintenant solidement ses pattes. Lorsqu'il a terminé, il inspecte ses excréments et les recouvre pratiquement toujours avec grand soin.

Le comportement d'un chat insatisfait est très différent : il s'approche de la caisse avec hésitation, il cherche parfois un endroit plus favorable et plus propre, en se secouant les pattes, comme pour les débarrasser de quelque chose de désagréable qui s'y serait atta-

Un chat pouvant sortir de la maison aura tendance à uriner et déféquer dans la terre, puis à cacher soigneusement ses excréments (Photo Studio Fotografico Image, Brescia)

ché. Au moment de faire ses besoins, il montre une expression de gêne, les oreilles basses et le corps tendu. Certains se mettent en équilibre au bord de la caisse, pour réduire le plus possible tout contact avec le sable et finissent ainsi par faire tomber les excréments en dehors de la caisse. Une fois l'opération terminée, le chat s'éloigne rapidement, sans recouvrir ses excréments ; d'autres font semblant de les recouvrir en grattant en l'air et les parois autour de la caisse, pour ne pas salir leurs pattes avec la litière.

Différentes raisons peuvent provoquer ce comportement : la position de la caisse (trop visible ou trop cachée), une caisse trop petite, son éventuel couvercle, une saleté ou une propreté excessive (avec une forte odeur de substances chimiques), trop peu de litière ou de mauvaise qualité.

Pour lui redonner l'habitude d'utiliser le bac à litière, il faut le rendre le plus attirant possible : sa propreté et son accessibilité sont en ce sens essentielles. Chaque jour, il faut filtrer le sable agglomérant tandis que le non agglomérant sera changé intégralement si le chat a des problèmes pour « évacuer ». Ne remuez pas le sable sale, car vous répandriez l'urine au lieu de la cantonner à un seul endroit.

Il convient pour nettoyer la caisse d'utiliser du vinaigre afin de neutraliser toute odeur éventuelle, pouvant être désagréable pour le chat comme pour son maître. Il vaut mieux éviter, en revanche, d'utiliser les produits qui contiennent de l'ammoniaque, car ils peuvent accentuer l'odeur de l'urine, ainsi que les produits parfumés qui peuvent révulser le chat et l'inciter à ne pas utiliser la litière. Le matériau, ainsi que l'odeur, la forme et la couleur de la caisse peuvent être des éléments déterminants dans l'acceptation ou le refus du chat.

Certains, par exemple, détestent le plastique, probablement pour la sensation qu'ils ressentent en le touchant ; ce serait alors une grosse erreur de mettre sous la caisse une feuille de plastique pour éviter qu'ils n'étalent du sable partout en recouvrant leurs excréments.

Si vous avez récemment changé de type de litière, il vaut mieux remettre l'ancienne. Après plusieurs tests d'appréciation, il apparaît que le sable est sans nul doute la litière préférée des chats, probablement parce que leurs ancêtres vivaient dans le désert et qu'ils leur auraient transmis cette préférence dans les gènes.

On peut remédier à une aversion pour une litière spécifique en proposant d'autres types différents à base de sable, terre, paillettes végétales, argile agglomérante ou pas, de papier, etc. Beaucoup de chats préfèrent les grains de sable fins et agglomérant, mais on trouve également des litières à base d'herbe, céréales, papier recyclé. En ce qui concerne les chats qui avaient auparavant la possibilité de sortir librement dehors, il peut être utile de mélanger la litière avec de la terre. Si un chat a commencé à souiller un tapis, on peut mettre un petit bout de moquette dans la caisse ou sur le bord, car certains chats préfèrent gratter d'autres matériaux que le plastique au moment de recouvrir leurs excréments.

N'oubliez pas que les chats sont des animaux routiniers : moins il y a de changements, moins il y a de confusion.

Si vous avez plusieurs chats, vous devez augmenter votre nombre de bacs à litière, pour en avoir au moins un par sujet. Un chat peut en effet se retrouver complètement inhibé s'il doit utiliser la même caisse qu'un congénère.

Certains propriétaires ont observé que leurs chats utilisent une caisse pour uriner et une autre pour déféquer.

Certains chats préfèrent des caisses plus grandes, d'autres préfèrent déféquer sur le bord de la caisse ; une sorte de plate-forme fabriquée tout autour peut, dans ce cas, améliorer la situation et encourager le chat à l'utiliser.

Pour résoudre le problème de la non-utilisation de la caisse, vous pouvez donc utiliser des caisses de différentes mesures et de différentes sortes (couvertes ou pas) et les distribuer à différents endroits de la maison.

Le chat peut également être stressé si la litière est placée trop près de l'endroit où sont habituellement ses gamelles de nourriture et d'eau : il n'aime pas manger et faire ses besoins au même endroit. Si vous mettez la litière dans une cuisine très fréquentée ou dans une buanderie, cela peut être une solution pratique pour vous, mais un chat sensible cherchera un coin plus tranquille et moins étouffant.

LES PUNITIONS NE SERVENT À RIEN

Si vous êtes confrontés au problème d'un chat souillant votre maison de ses déjections, sachez que le punir peut avoir un effet négatif. Les châtiments corporels ou les reproches sur un ton brutal n'ont pour seul et unique effet que de rendre le maître terrifiant aux yeux du chat.

Vous pouvez parfois le décourager d'utiliser tel endroit en l'aspergeant d'eau ou en faisant beaucoup de bruit au moment même où vous le surprenez en train de salir. Mais vous risquez d'obtenir pour tout résultat que votre chat profite de votre absence pour faire ses besoins au mauvais endroit.

LE STRESS AMBIANT

Il suffit d'un déménagement dans une nouvelle maison, un changement dans les horaires du maître, l'arrivée d'un nouveau chat ou d'une nouvelle personne à la maison pour déclencher le problème.

Si le maître ne peut pas toujours changer cet état de fait, il doit toujours mener une enquête sérieuse pour comprendre quels événements ont bien pu déclencher le problème, car identifier la source des ennuis peut aboutir à une solution pour atténuer les méfaits. Un déménagement ne provoque pas

LES RÉPULSIFS

Si vous voulez protéger un endroit pris pour cible par votre chat, vous pouvez essayer d'utiliser les répulsifs spécifiques vendus dans le commerce (auxquels les chats finissent d'ailleurs par s'habituer). Vous pouvez frotter un savon fortement parfumé sur des surfaces comme, par exemple, des tapis ; vous pouvez vaporiser un désodorisant au citron, ou couvrir certaines surfaces d'une feuille d'aluminium ou d'une lourde feuille en plastique : mais ces mesures ne suffisent pas à résoudre le problème. Le chat se met alors à chercher un autre endroit tout aussi inadéquat et continue d'éviter d'utiliser sa caisse : quoi qu'il en soit, vous ne pouvez pas en toute logique protéger toute votre maison.

toujours des problèmes d'ordre physiologique chez le chat ; ce dernier se contente parfois de « snober » son maître.

Si, par exemple, un animal habitué à vagabonder librement dehors est transféré dans un appartement en ville, il peut ignorer son maître pendant des semaines, aussi affectueux soit-il. On a également observé que si ce chat est mis en pension pendant deux semaines, il se montre en général très affectueux lorsqu'il rentre à l'appartement, probablement parce que le stress provoqué par le séjour en pension est plus important que celui du déménagement : une solution, certes, un peu draconienne, mais elle peut fonctionner.

Un autre cas typique est celui du maître s'absentant de chez lui pendant deux jours : à son retour, il retrouve la caisse pleine d'excréments mais également des excréments de-ci, de-là dans la maison. Le risque dans ce cas est que le chat, après la première fois, persiste à salir en dehors de sa caisse ; il faut alors nettoyer et désodoriser soigneusement ces endroits pour éviter que ne se crée une nouvelle et mauvaise habitude.

La surpopulation et la présence d'étalons non castrés peuvent provoquer des problèmes désagréables de contrôle et de marquage du territoire. Lorsque de nombreux chats cohabitent dans la même maison, certains peuvent exiger plus d'attention que d'autres, et le maître devra leur consacrer un peu plus de temps lors de la toilette ou en les laissant s'endormir près de lui. Ces caresses en extra peuvent aider les sujets sensibles à la compétition avec les autres chats de la maison.

Une solution plus radicale consisterait à diminuer la densité de la population en trouvant une nouvelle maison pour un ou plusieurs d'entre eux ou en leur autorisant l'accès à des pièces plus grandes de la maison qui leur étaient auparavant interdites.

Malgré toutes ces mesures, certains sujets peuvent continuer à refuser d'utiliser la caisse.

Vous pouvez alors tenter de les enfermer dans une petite pièce, ou dans une cage, avec une caisse. Les chats détestent faire leurs besoins dans des endroits exigus, car ils ne supportent pas de salir l'endroit où ils dorment.

Lorsque le chat recommence à utiliser régulièrement sa caisse, vous pouvez alors l'autoriser à pénétrer dans des pièces de plus en plus grandes de la maison.

Vous pouvez également installer la caisse à l'endroit précis où il aime faire ses besoins, puis la déplacer lentement vers un lieu plus adapté.

Une autre approche serait de dresser le chat comme on dresse le chien d'appartement : chaque matin, au réveil, vous portez le chat à la litière et l'encouragez à l'utiliser, pour finalement le récompenser s'il l'utilise convenablement.

Comme nous l'avons dit précédemment, on ne peut remédier à la propension naturelle des étalons et des chattes non stérilisées à marquer leur territoire que par la castration.

Si le marquage est dicté par le stress, il faut axer la thérapie sur l'élimination des causes du problème et sur l'amélioration de l'environnement dans lequel vit le chat.

Si cela est trop compliqué à réaliser, vous pouvez recourir à des anxiolytiques ou à la progestérone ; on a obtenu récemment de bons résultats avec le Buspiron, mais il est préférable de consulter votre vétérinaire, car ces médicaments ont de lourds effets secondaires.

En tout dernier recours, et seulement pour les cas les plus désespérés, le vétérinaire peut supprimer l'odorat du chat pour le sauver ainsi de l'euthanasie.

LE COMPORTEMENT AGRESSIF

L'agressivité, ce comportement d'origine psychologique, se manifeste chez le chat sous deux formes : l'agressivité envers les personnes et l'agressivité envers les autres chats.

L'AGRESSIVITÉ ENVERS LES PERSONNES

On distingue deux types d'agressivité des chats domestiques envers les personnes : l'agressivité du prédateur et la colère agressive.

L'agressivité du prédateur

L'agressivité du prédateur peut se retourner par erreur contre les personnes. En général, le chat poursuit une personne et lui tend des embuscades, puis s'attaque aux pieds de la personne qui est en train de marcher. S'il s'agit d'un jeune chat sans compagnon pour jouer, ce type d'agression est probablement une sorte de jeu et, en général, il ne griffe ni ne mord. Cependant, si son maître ne le gronde pas pour l'éduquer, le chat n'apprendra jamais à réprimer sa tendance à mordre.

L'agressivité dans le jeu ne doit se retourner que sur les jouets, et non sur les personnes. Le maître peut agiter par exemple un jouet attaché à une ficelle et gratifier oralement le chat lorsqu'il l'attaque, ou le punir s'il mord ses pieds.

La colère agressive

La colère agressive envers les personnes se manifeste généralement lorsque l'on caresse le chat : le mâle peut tout particulièrement se retourner contre la main de celui qui le caresse et lui infliger la même morsure que celle faite au moment de l'accouplement. Si une simple réprimande verbale ne suffit pas, une chiquenaude sur son nez avec le pouce et l'index devrait le dissuader. Il vaut mieux, par la suite, caresser le chat plus délicatement et moins longtemps.

La scène se déroule en général de la manière suivante : le chat saute dans les bras de la personne, qui commence à le caresser. Au bout de quelques minutes, le chat commence à regarder de manière insistante la main, tandis que sa queue remue nerveusement donnant ainsi des signes d'hostilité imminente. Si la personne ignore ces signes d'avertissement, le chat mord et griffe la main qui le caresse. La personne peut se méprendre et interpréter cela comme « des morsures d'affection », et continuer ainsi à le caresser. À ce stade, le chat s'agite beaucoup, mord avec

La capacité du chat à supporter le contact physique avec l'homme dépend de son caractère et de ses expériences précédentes

LA MEILLEURE DES PUNITIONS

Le meilleur moyen de punir un chat est de lui faire peur. Les pistolets à eau ou les vaporisateurs sont en ce sens très efficaces, de même que faire beaucoup de bruit, à condition que le bruit ne soit pas émis par des voix humaines, mais par un sifflet par exemple. Ce type de punition est tout à fait indiqué car le chat ne l'associe pas directement au visage de son maître. La stratégie d'« effrayer » le chat lorsqu'il attaque peut s'avérer très utile en cas d'agressivité du prédateur.

plus d'acharnement et poursuit la personne si elle tente de s'éloigner.
Ce comportement est typique des chats hyperdominants, qui parfois nous réveillent en nous mordillant le nez, ou sautent sur le journal que nous sommes en train de lire, ou sollicitent un morceau de nourriture en nous mordant aux chevilles.
La situation décrite ci-dessus entre dans le cadre du syndrome de domination, ou « syndrome du chat alfa », montrant de fortes similitudes avec certains chiens tyranniques et autosuffisants, qui deviennent agressifs lorsqu'ils sont caressés.
Certains facteurs liés au caractère du maître peuvent influer sur la manifestation de cette agressivité. Les maîtres de ce type de chat sont en général des personnes chaleureuses, très gentilles, tolérantes et indulgentes, très attachées à leurs animaux, qu'elles traitent comme des membres de leur famille. Elles doivent pourtant renoncer aux caresses gratifiantes à l'égard de leurs animaux favoris pour éviter les conséquences décrites précédemment. Le seul et unique compromis possible consiste à limiter les caresses et à être vigilants quant aux signes annonciateurs afin de s'interrompre immédiatement avant que le chat ne s'énerve.

L'AGRESSIVITÉ ENVERS LES AUTRES CHATS

L'agressivité à l'égard des autres chats de la maison est le problème le plus répandu ; les cas les plus courants sont liés à l'arrivée d'un nouveau sujet sur lesquels les chats anxieux transfèrent leur agressivité.

L'arrivée d'un nouveau chat

L'arrivée d'un nouveau chat dans une maison où résidaient déjà d'autres félins peut déclencher une bagarre pour tenter d'expulser le rival (qu'il s'agisse du nouvel arrivant ou du résident). Même le changement physique d'un sujet empêchant les autres chats de le « reconnaître » peut parfois provoquer ce type d'agressivité : un chat par exemple revenant d'une clinique vétérinaire peut être attaqué par les autres, soit parce qu'il est malade, soit parce qu'il dégage une odeur étrange.
Plusieurs chats peuvent parfaitement vivre ensemble, mais uniquement si on arrive à atteindre un équilibre délicat et si la distribution de la nourriture est bien assurée. Les mâles sont en général particulièrement irritables ; la castration permet alors de faciliter leur relation avec la communauté.

Les chats sont des animaux territoriaux car ils sont issus d'une lignée de chasseurs solitaires, qui devaient défendre désespérément leur territoire pour assurer leur survie. Nos chats n'ont pas besoin de lutter pour trouver de la nourriture, mais ils trouvent tout de même de nombreuses raisons de se battre (une possibilité de s'accoupler, la défense d'un chaton, la priorité pour accéder à un coin confortable pour dormir…)

Les chats sont des animaux territoriaux : ils ont une conscience profonde de l'espace et des distances. Tout chat a autour de soi un « espace personnel », accessible uniquement aux individus auxquels il est attaché. Il y a ensuite un espace social dans lequel les chats amis vivent bien ensemble, mais tous les sujets socialement compatibles ne peuvent pas partager leur espace personnel. Le chat défend activement son territoire contre les envahisseurs, et même si les territoires peuvent se superposer, les chats n'arrivent pas toujours à se supporter mutuellement.

Le chat dominant doit manger seul ; les autres se supportent plus facilement et peuvent partager la même écuelle

Une bonne répartition des temps d'accès aux endroits préférés par les chats est le meilleur moyen de les faire vivre pacifiquement ensemble. Il s'agit d'un véritable compromis, issu du comportement social des chats qui vivent en liberté. Une bonne cohabitation à la maison est plus complexe et délicate ; elle dépend souvent de l'abondance de la nourriture et de la présence de chats sexuellement actifs. Il est certain que le stress augmente en fonction du nombre de chats présents sous le même toit : avec plus de douze chats, les conflits sont garantis. Généralement, le groupe de chats s'organise autour d'un chef dominant et despotique, un groupe de chats grégaires et un « paria », victime toute désignée. Dans l'habitat naturel, le « paria » serait chassé, et son éloignement semble souvent être la meilleure solution, même pour les chats domestiques.

Certains cas d'agressivité entre chats, dans des maisons où vivent deux ou trois chats, peuvent être de type sexuel. Un chat agit comme un étalon et se montre agressif envers tout autre chat qu'il perçoit comme un rival, qu'il soit mâle ou femelle. Il le saisit alors par la peau du cou, tente de le monter et le frappe. Ce type de comportement, comme le marquage à l'urine, peut persister même chez les chats castrés. En ce qui concerne le mâle, castré après la puberté, le processus de masculinisation est déjà bien consolidé, même si ses impulsions sexuelles sont amoindries suite à l'ablation de ses testicules, qui sont la principale – mais non l'unique – source de testostérone. Face à l'agressivité entre deux chats domestiques, il faut, dans un premier temps, les séparer physiquement en les installant dans différentes pièces de la maison. Au moment du repas, installez-les dans des boîtes de transport ou dans des cages différentes avec leur repas, et placez-les chacun dans un coin de la pièce. Rapprochez chaque jour un peu plus les « contenants » et leurs « contenus ». Ainsi, chaque chat apprend qu'il sera récompensé d'un repas, uniquement s'il supporte la présence de

Le chat est un animal « territorial », qui aime dominer et contrôler son « espace personnel »

l'autre chat. Lorsque les chats sont capables de manger dans leur boîte l'un à côté de l'autre, sans souffler, vous pouvez alors les remettre en liberté dans des pièces communes.
Une autre méthode du même genre consiste à nourrir les chats dans deux pièces différentes et séparées par une porte. Puis on remplace la porte par une barrière en plastique transparente, que l'on modifie ensuite peu à peu afin d'ajouter progressivement des stimuli olfactifs et visuels.
On peut utiliser la barrière d'une autre façon, en attirant les chats pour qu'ils jouent non loin l'un de l'autre. S'ils ont envie de jouer, ils seront moins disposés à se battre : mais il est fondamental que les deux chats aient envie de jouer.
Il existe des médicaments pour réduire l'agressivité des chats « agresseurs » et la peur des chats « victimes » : les vétérinaires peuvent prescrire du Diazépam, qui donne parfois de bons résultats, en particulier lorsque la peur est à l'origine de l'agressivité. Cependant, on observe aussi que dans certains cas l'agressivité est amplifiée par la prise d'anxiolytiques.
Les progestatifs (hormones reproductrices femelles) peuvent également être utilisés pour modifier les comportements agressifs : le Buspiron atténue la peur de la « victime » et l'Amitriptyline tranquillise l'agresseur. Il est impératif de consulter un vétérinaire avant d'opter pour un médicament.

Le « transfert » d'agressivité

Le « transfert » d'agressivité est un comportement typique des chats anxieux et renfermés à la maison, qui ne peuvent rejoindre les autres chats à l'extérieur mais dont ils perçoivent la présence.
Ce phénomène est assez courant : une petite provocation suffit à déclencher un comportement violent ; le chat s'arcboute, commence à souffler et à cracher comme une furie, déchargeant ainsi toute sa rage et sa frustration sur quiconque se trouve à sa portée, que ce soit un animal ou une personne.
À la base du problème, il y a une agressivité normale mais impossible à évacuer de manière adéquate : c'est comme une personne qui taperait sur des objets pour évacuer toute sa frustration.
Ce problème se caractérise avant tout par son apparition soudaine : la situation est paradoxale car ce type d'agressivité se manifeste entre des chats proches les uns des autres et qui d'ordinaire s'acceptent mutuellement. Des sujets qui s'entendent très bien d'habitude vont tout à coup sembler vouloir s'entre-tuer : ils s'agrippent en soufflant et s'enroulent furieusement.
Si les chats sont séparés aussitôt après l'épisode d'agressivité, le problème sera vite oublié. Pour ce type de problème, la stratégie de l'approche progressive avec interposition d'une barrière donne de bons résultats.

PROBLÈMES D'ACCOUPLEMENT

Souvent, un mâle, surtout s'il est inexpérimenté, hésite à s'accoupler à une femelle qui ne se montre pas pleinement réceptive ou réagit même de façon agressive à ses approches.

En laboratoire, seul un étalon sur trois parvient à réellement s'accoupler avec des femelles complètement réceptives. Il n'est pas surprenant alors qu'un étalon ait besoin d'effectuer plusieurs approches avant de pouvoir mener à terme l'accouplement.

Les femelles en chaleur ont des préférences, qu'elles manifestent en repoussant fermement un mâle pour en accepter un autre.

On peut expliquer cette faible propension du mâle à accepter sa partenaire par une mauvaise socialisation lorsqu'il était chaton. Les chatons sont en général séparés de leur mère à six semaines, autrement dit bien avant le moment le plus intense de leur éducation, à savoir le jeu entre frères et sœurs, qui débute vers la onzième semaine. Les sujets restant le plus longtemps avec leurs congénères ont plus de temps pour jouer et pour socialiser : ils se démontreront plus tolérants une fois adultes, et ce même lorsqu'ils seront amoureux.

UNE PATHOLOGIE ?

Il est possible que l'agressivité du chat soit due à un processus pathologique : le méningiome (tumeur de la membrane qui recouvre le cerveau), le syndrome ischémique félin (qui rétrécit ou bouche les vaisseaux sanguins dans le cerveau), la rage et la toxoplasmose sont associés à un comportement agressif. Un comportement agressif soudain peut donc être symptomatique de l'apparition de l'une de ces maladies.

Le comportement destructeur

Le chat peut développer un comportement destructeur – même si c'est moins fréquent que chez le chien – qui se manifestera essentiellement en griffant les meubles, en déchirant et en suçant les tissus, en mangeant les plantes.

Les chats plantent leurs griffes dans les meubles en se tenant bien droit sur leurs pattes, et s'adonnent ainsi à une activité agréable, comme le stretching, très tonifiante, en particulier après un petit somme. Ce comportement a également pour but de marquer le terrain d'un point de vue olfactif et visuel

GRIFFER LES OBJETS

Griffer les meubles ou autres objets permet au chat non pas tant, comme on le dit, d'affiler ses griffes, mais surtout de les entretenir en éliminant les morceaux de griffes morts et en faisant travailler les muscles qui les commandent. Les griffures servent, en outre, à faire savoir que le chat est passé par là, c'est pourquoi les marques des griffes se trouvent toujours à des endroits stratégiques et bien visibles : comme sur le bras du divan orienté vers la porte ou, dans le jardin, sur les arbres les plus visibles.

À la composante visuelle des griffures s'ajoute un autre message, encore plus détaillé, et qui est transmis par les données olfactives des phéromones présentes dans les coussinets plantaires.

Griffer meubles et objets a pour fonction de marquer son territoire ; plus le chat est stressé et tendu, plus ce comportement devient fréquent.

Malgré les « bonnes raisons » que le chat puisse avoir, il s'agit naturellement pour son maître d'un comportement indésirable s'il s'applique au nouveau divan, aux rideaux ou à la tapisserie. Certains maîtres décident de priver leurs animaux de leurs griffes par une intervention chirurgicale afin de se débarrasser du problème, mais certains sujets continuent malgré cela à mimer le geste des griffures, preuve s'il en est de l'importance de cet acte pour les félins. On peut prévenir ce genre de comportement indésirable sans pour autant recourir à une solution aussi extrême ; il suffit de leur permettre de se défouler au bon endroit. Si les chatons sont en-

Une colonne griffoir est un excellent défouloir pour les chats particulièrement vifs. Elle devrait être recouverte d'un matériau duveteux, de corde de chanvre ou tout du moins d'un matériau adapté à être griffé pour la plus grande satisfaction des chats. Le griffoir doit se trouver dans un lieu facile d'accès, et placé à l'intérieur du territoire que le chat perçoit comme sien (Photo Rodriguez Lo Savio)

couragés très tôt à utiliser le griffoir, ils ne touchent généralement plus aux meubles.
Dans la mesure où les chats ont surtout envie de griffer après leur réveil, lorsqu'ils font leurs exercices de « stretching », il semble judicieux d'installer le griffoir près de l'endroit où ils dorment habituellement.
Il semble que ce comportement se transmette génétiquement : les petits des chats griffeurs auront tendance à griffer plus que les autres. Mais se faire les griffes est également un comportement acquis et transmis par imitation. Comme nous l'avons dit précédemment, le meilleur professeur d'un chaton reste sa mère, ainsi si on veut particulièrement éviter ce problème, il est recommandé de se procurer des chatons issus d'une mère utilisant régulièrement un griffoir. Si maman chat n'a pas pu apprendre son utilisation à ses petits, le propriétaire doit alors devenir le « maître » et dresser son chat en l'encourageant à l'utiliser.
Pour encourager le chat, on peut au début frotter le griffoir avec de l'herbe à chat ; on peut également protéger les meubles de ses griffes en les recouvrant de papier aluminium ou de film transparent, ou en les aspergeant d'essence d'agrumes que les chats ne supportent pas.
Le pilier du griffoir doit être assez haut pour permettre au chat de s'étirer de tout son long et se courber pendant qu'il enfonce ses griffes. Il doit impérativement être stable et ne pas risquer d'osciller et de tomber. Le matériel doit satisfaire avant tout le chat ; plus le griffoir est vieux et effiloché, plus il s'amusera à le réduire en morceaux. Si vous avez plusieurs chats, il vaut mieux disposer plusieurs griffoirs en différents endroits de la maison.

MÂCHONNER LES TISSUS

Ce problème comportemental se manifeste plus fréquemment chez les siamois et les burmese. Cette attitude ne doit pas être considérée comme un problème tant que le chat n'a pas atteint l'âge adulte et ne doit pas être confondu avec la propension naturelle des chatons sevrés trop tôt à sucer des objets à des fins non alimentaires. Les chats qui vivent dehors en liberté, sont sevrés vers l'âge de six mois, mais ils peuvent pourtant manifester ce genre de comportement. Ils mastiquent en général avec leurs molaires de la laine, mais, faute de mieux, ils peuvent se rabattre sur des tissus synthétiques, du coton, etc. Ils préfèrent en général les tricots ou les tissus moelleux. Certains chats sucent leur propre poil et celui des autres chats, après en avoir arraché quelques touffes. D'autres sont particulièrement attirés par les cheveux de leur maître, qu'ils sucent en remuant leurs pattes l'une après l'autre comme s'ils étaient en train de « pétrir », dans un mouvement qui n'est pas sans rappeler celui du chaton en train de téter le lait de sa mère.
Dans certains cas extrêmes, ce comportement s'applique à tous les types de tissu : couvertures, chaussettes, peluches, lingeries intimes, rideaux de douche, lacets de chaussures sont mâchonnés et parfois avalés. Le chat peut faire en quelques minutes d'énormes trous. Ce comportement pathologique est appelé par les spécialistes « pica » et peut, dans certains cas, conduire à l'occlusion intestinale.
Le mâchonnement des tissus semble être lié à la nutrition, dans la mesure où il peut être stimulé par le jeûne et par l'interdiction d'accéder à des plantes, un os ou un aliment. Il n'est pas tant question de carence alimentaire mais plutôt d'un besoin de fibres non assimilables. Le traitement du problème consisterait d'une part à fournir un matériau que le chat puisse ingérer sans danger et sans dommages, comme des vieux vêtements, et d'autre part à essayer d'apprendre au chat ce qu'il a le droit ou non de manger. Pour cela, vous pouvez utiliser un expédient qui consiste à proposer au chat un objet en laine imbibé d'eau de Cologne et d'une solution pimentée. Le chat associera ainsi l'arôme de l'eau de Cologne au goût désagréable du piment et évitera de toucher aux habits parfumés. Il faudra, bien sûr, ensuite parfumer tous les vêtements, la lingerie et autres tissus que le chat n'a pas le droit de toucher.
Dans les cas les plus graves, on peut satisfaire le besoin du chat de mastiquer en lui donnant chaque jour une aile de poulet, ou mieux une caille crue. (Même s'il existe un danger potentiel lié aux os et qu'en temps normal il est fortement déconseillé de leur en donner, n'oubliez pas que, dans la nature, de nombreux chats tuent et mangent régulièrement des oiseaux sans pour autant avoir le moindre problème.)
Dans certains cas, il s'est avé-

ré utile d'administrer des médicaments comme la Clomipramine, utilisée pour traiter les comportements compulsifs chez les personnes ; mais un changement de milieu peut également être bénéfique, *a fortiori* s'il est plus riche en stimuli pour encourager le chat au jeu interactif et désamorcer ainsi la tension dont il souffre.

MANGER LES PLANTES

Les chats mangent fréquemment de l'herbe, qu'ils vivent en liberté et se nourrissent de proies vivantes, ou qu'ils vivent en appartement et mangent des aliments tout prêts.

Il n'est pas surprenant alors que les chats puissent manger aussi les plantes de la maison, avec parfois des conséquences graves s'il s'agit de plantes toxiques. Quoi qu'il en soit, ce comportement n'est pas à encourager, que l'on se préoccupe de la santé du chat ou de l'intégrité des plantes.

Le simple fait de punir le chat surpris en train de manger une plante n'est pas suffisant pour l'empêcher de recommencer pendant notre absence.

Fournir au chat les plantes vertes dont il a besoin est plus utile : vous pouvez les acheter dans les animaleries (*Nepeta cataria*) ou intégrer dans leur régime alimentaire des légumes crus et tailladés (radis, roquette, salade) ou cuits (courgettes, haricots, asperges, betteraves).

Dans un premier temps, lorsque vous apprenez au chat quelles plantes il a le droit de manger, il est recommandé d'éloigner les autres plantes de la maison pour qu'il ne puisse les atteindre. Vous pouvez ensuite les réintégrer toutes petit à petit, en le décourageant de les approcher sous peine de recevoir une giclée d'eau.

Cette mesure n'est valable que si vous êtes toujours présent, autrement, vous pouvez asperger sur les feuilles à respecter une solution au piment ou encore les entourer de petites tapettes à souris, pourvues d'ailettes en plastique à la place des ressorts classiques qui tuent les proies : au moindre contact, elles sautent en l'air, effrayent le chat et le maintiennent éloigné de la plante.

Le chat est irrésistiblement attiré par les plantes de la maison qui, en particulier si elles ont une consistance « croquante », sont destinées à mal finir ..

LES PLANTES DANGEREUSES POUR LE CHAT

Aconit	Houx
Ancolie	If
Anémone	Jacinthe
Boutons d'or	Laurier-cerise (*Prunus laurocerasus*)
Buis	Laurier-rose (*Nerium oleander*)
Caladio (*Caladium*)	Lierre (*Hedera*)
Clématite	Lilas
Colchique	Muguet
Crocus	Narcisse
Daphnés	Œillet
Diffenbachia	Perce-neige
Digitale	Philodendron (*Philodendrum*)
Gloire du Matin (*Ipomea*)	Poinsettia éclatant (*Euphorbia pulcherrima*)
Glycine	Renoncule
Grande ciguë	Rhododendron et azalée (*Rhododendrum*)
Gui (*Viscum Album*)	*Solanum capsicastrum*
Hortensias	Violette de montagne

Attention à certaines espèces de plantes : si elles sont pour le chat des jouets à mordre et à sucer, elles peuvent être très dangereuses pour sa santé (Photo Studio Fotografico Image, Brescia)

POURQUOI VIVRE AVEC UN CHAT ?

Pourquoi aimons-nous tant vivre avec ce petit prédateur féroce ? Pourquoi nourrir et s'occuper d'un animal qui n'est ni un serviteur obéissant ni une source de revenus ? Son rôle de « prédation » à l'égard de certains animaux nuisibles suffit-il à justifier sa présence dans nos maisons et l'amour passionné dont il est l'objet ?

Rudyard Kipling a résumé dans un de ses récits la domestication du chat : la Femme primitive, grâce à ses dons magiques, avait asservi à l'Homme, le Chien, le Cheval, la Vache. Le Chat se présenta de son propre chef, et demanda du lait et une place au coin du feu, en flattant la Femme avec des mots séducteurs. Elle s'engagea à l'accueillir s'il réussissait par trois fois à mériter ses louanges.

Un matin, le Bébé de la Femme se mit à hurler.

Le Chat « tendit gentiment sa patte de velours et se mit à caresser la joue du Bébé, puis il se frotta sur ses petits genoux grassouillets, et lui chatouilla le menton avec sa queue. Le Bébé se mit à rire », la Femme sourit et bénit le Chat.

Mais peu de temps après, le Bébé recommença à hurler,

Un chaton doux et sociable est un compagnon de jeux infatigable...
(Photo Peroni)

Qu'y a-t-il de plus apaisant que l'image de notre chat dormant calme et confiant en prenant une petite place de la maison qu'il sait être la nôtre ? (Photo Barozzi)

Parfois notre chat semble imiter nos attitudes : ce chat pensif et sévère scrute son interlocuteur, « le visage posé sur la main »… (Photo Naglia)

parce que le Chat s'en était allé. Le Chat revint et suggéra à la Femme exaspérée d'attacher un fil à un fuseau en bois et de le traîner sur le sol ; « le Chat courut aussitôt après, le frappa avec ses pattes, le fit rouler, sauter pardessus ses épaules, passer entre ses pattes, il fit semblant de le perdre, puis sauta à nouveau dessus, et recommença ce jeu » tant et si bien que le Bébé, riant à gorge déployée, se mit à jouer avec lui. « Lorsqu'il fut fatigué de jouer, il s'allongea pour dormir, en serrant le Chat dans ses bras. À présent, dit le Chat, je vais lui chanter une berceuse qui le fera dormir pendant au moins une heure. Et il commença à ronronner, un peu fort puis doucement, un peu fort puis doucement, jusqu'à ce que le Bébé fut endormi ». La Femme, tout en souriant, loua le Chat.

Tandis qu'elle se peignait, un Rat pénétra dans sa caverne : la Femme, terrorisée, sauta sur un tabouret. D'un bond le Chat se saisit du Rat et mérita la troisième louange et le droit d'être pour toujours l'invité des hommes en leur demeure.

UNE EXPLICATION ÉTHOLOGIQUE

En ce qui concerne notre penchant pour certains animaux et notre dégoût pour d'autres, Konrad Lorenz a élaboré le concept du « schéma du bébé ». Chez les espèces animales supérieures, l'évolution a sélectionné un comportement de protection à l'égard des chiots, en activant une attitude de non-agressivité face à un pattern précis ou schéma visuel : tête arrondie, museau dodu, nez court, de grands yeux en position frontale. Chez l'animal adulte, ces signaux stimulent la propension à ne pas avoir peur et donc à ne pas agresser.

L'animal-homme est sensible à ces stimuli : tout le monde éprouve de la tendresse envers les bébés en général (humains ou pas), ainsi que du plaisir à regarder des images illustrant ce pattern (posters, marionnettes, peluches). Le meilleur exemple n'est-il pas l'ours en peluche que nous avons tous eu dans notre enfance.

Ce concept peut également expliquer le dégoût que beaucoup éprouvent pour certains animaux : qui peut prétendre avoir de la tendresse pour un serpent, une araignée ou une sauterelle ? Ces animaux ont le malheur de ne pas avoir une « petite frimousse », et certainement pas une « frimousse de bébé », si bien que le premier sentiment qu'ils suscitent en nous est la peur et la méfiance à l'égard d'un schéma que nous percevons comme « différent » et par définition « ennemi ».

Le chat a certainement un « minois » : son museau est rond, plutôt court, et ses yeux sont frontaux. Les lignes que dessinent ses yeux, sa fosse nasale, sa truffe et ses lèvres forment la typique *smiling expression* des enfants, dissipant en nous toute forme de peur et de crainte pour susciter, au contraire, la sympathie et le désir de proximité.

La chatte surprise et curieuse regarde attentivement vers nous : comment un minois si tendre et des yeux si innocents pourraient-ils inspirer le dégoût ou la répulsion ? (Photo Studio Fotografico Image, Brescia)

Ces « frimousses » de bébé inspirent la tendresse et évoquent nos sentiments les plus protecteurs et les plus « maternels » (Photos Rodriguez Lo Savio)

Le chat, aux yeux de celui qui l'aime, est un « éternel chaton », avec ses traits fins, son museau gracieux et « souriant », comme les chartreux, ces « smiling cats » par excellence (Photo Studio Fotografico Image, Brescia)

UNE EXPLICATION PSYCHOLOGIQUE

Un proverbe russe dit : « Le chien et l'homme dehors, la chatte et la femme à la maison ». Selon certains psychologues, on peut interpréter notre comportement sur la base d'un « code affectif », orienté sur deux pôles : paternel et maternel.

On peut ramener le code affectif paternel aux modalités relationnelles de type hiérarchique, fondées sur des règles rigides qui sont respectées au regard d'une autorité reconnue (la figure du père – chef de meute). Ce code détermine l'attitude typique des personnes (hommes ou femmes) qui sont très sensibles à l'autorité, et qui aiment obéir ou se faire obéir : elles sont plutôt rigides et intransigeantes, sévères et exigeantes envers elles-mêmes et envers les autres. Les rapports entre les individus sont conçus selon une échelle hiérarchique précise, qui doit être respectée. En règle générale, ces personnes sont appelées à cohabiter de manière privilégiée avec le chien, qui, de par ses caractéristiques éthologiques, est un animal correspondant à leur vision du monde et des relations.

Le code affectif maternel se rapporte au contraire aux modalités relationnelles les plus anciennes du point de vue de l'évolution psychoaffective des individus : celles avec la mère. Ce code détermine un comportement basé sur la tendresse, sur le soin, sur la chaleur et la protection. Il fait appel aux aspects les plus intimes et les plus profonds de notre personnalité, aux premières sensations tactiles, auditives, olfactives et visuelles qui nous ont mis en contact avec le monde, à travers la médiation rassurante de notre maman. Ce code détermine l'attitude typique des personnes (hommes ou femmes) plus sensibles, flexibles, ayant une vision lucide de la vie, et qui sont moins sujettes à l'autorité en place et plus attirées par le jeu et la sensualité.

Ces personnes sont les compagnons potentiels du chat. Le chat en effet ne reconnaît pas de « maître » auquel il doit se soumettre avec une obéissance aveugle, il ne répond pas aussitôt à notre ordre et n'accepte pas les règles et les punitions de manière passive. Cependant il nous caresse et se fait caresser, il nous fait des câlins et en reçoit à son tour, et lorsqu'il s'adresse à nous, il émet un « miaou miaou », nous encourageant à continuer par ce phonème, qui dans toutes les langues est à la base du mot « maman ». Le

LE CHAT QUI « PÉTRIT »

On a tous vécu l'expérience d'un chat qui « pétrit », en appuyant les pattes l'une après l'autre contre notre corps, en ronronnant très fort et, parfois, en suçant notre peau ou les poils de notre pull en laine. Ce comportement nous surprend et nous attendrit pratiquement à chaque fois. Nous représentons certainement à ce moment-là pour notre minou une « super maman ». Il ne faut pourtant pas trop se réjouir. Un chat ayant eu une enfance heureuse et équilibrée auprès de sa vraie mère ne manifestera jamais ce type de comportement, qui est toujours l'expression d'un malaise, d'un déséquilibre émotionnel ; ce dernier remonte pratiquement toujours au stress causé par des privations dans sa petite enfance et à la perte précoce de la figure maternelle. Un chat adulte qui cherche de façon aussi exaspérée un ersatz maternel en nous est fort probablement un orphelin qui n'a pas eu ce qui revient de droit à tout chaton et qui manifeste de manière névrotique son mal-être.

miaulement du chat, en somme, semble précisément fait pour stimuler notre code maternel, voire en être l'incarnation symbolique.

UNE « SUPER MAMAN » POUR DES « SUPER CHATONS »

Que représente pour nous le chat ? Pour des raisons éthologiques et psychologiques, il est fondamentalement un « super bébé ». Même lorsqu'il est adulte, les caractéristiques physionomiques du chat font de lui un éternel « petit » chat, à protéger et à caresser. Pour l'appeler, on s'agenouille par terre et on émet un son semblable à un bisou, on l'appelle par des mots tendres et sur le même ton employé pour appeler un petit enfant. En revanche, si on crie ou si le ton se fait plus impérieux, si notre attitude se fait plus autoritaire, aucun chat ne répondra jamais à notre appel. Pour gagner l'amitié du chat, que nous soyons hommes ou femmes, nous devons être des « super mamans », tendres et affectueux, et lui offrir notre corps (tout comme notre lit, notre divan ou notre fauteuil préféré) pour qu'il puisse s'y étendre, tout en goûtant notre tiédeur et notre odeur.

La relation entre le chat et sa maman chatte est très intense et importante. La chatte saine est une maman très efficace et prévenante ; une enfance heureuse au côté de sa mère rend le chaton robuste, équilibré, sûr de lui et serein. Le chat garde une trace dans sa mémoire de cette période heureuse de sa vie ; souvent pendant son sommeil, il remue les lèvres comme s'il tétait du lait et il est probable qu'il rêve de moments lointains de plaisir infini. Une fois qu'il quitte sa maman pour des raisons « d'état civil » (mais il y a des cas de chat « à sa maman » qui reste lié à leur mère toute leur vie), c'est là que nous entrons en scène pour prendre le relais. On le nourrit, on le caresse, on le laisse en contact avec notre corps. Maman chat donne des stimuli tactiles très intenses à son minou : elle le lèche et le masse très souvent, longtemps et intensément. Pour le chat, nos caresses ne sont que l'extension des soins donnés par sa maman, auxquels il répond béat de plaisir et en se laissant aller à une relaxation la plus complète. Le ronronnement accompagne pratiquement toujours le moment des caresses (qu'il s'agisse du chaton avec sa maman-chat, ou du chat avec l'être humain)..

L'ENFANT QUI SOMMEILLE EN NOUS

Vivre avec un animal et avec un chat en particulier, peut jouer un autre rôle très important du point de vue émotionnel, que les psychanalystes définissent comme « objet de transition » ; l'exemple historique en est la couverture de Linus. Enfants, nous devons commencer à affronter la réalité, souvent décevante, amère et difficile par rapport au monde serein, sécurisant et gratifiant de notre toute petite enfance ; il est très réconfortant alors d'avoir la possibilité de disposer de moments et d'espaces « rien qu'à nous », magiques, avec des amis spéciaux (souvent imaginaires) auxquels se confier ; avoir la possibilité de se refaire un petit bout de monde enchanté, dans lequel il est encore possible d'être le roi et la

L'ÉTERNEL FÉLIN – FÉMININ

S'il est vrai que le chat nous considère comme des « super mamans », il est vrai aussi que, à certains moments, il nous traite comme si nous étions ses « super petits ». S'il aime être caressé, il apprécie tout autant nous caresser. Il nous caresse avec ses pattes, nous lèche, ronronne il nous traite en définitive comme une maman chat avec ses petits.
Qu'y a-t-il de plus beau que ce tendre jeu de rôles ?

Il est certain qu'un passionné de chats n'est pas intéressé par une cohabitation faite d'ordres secs et rapides suivis de prestations serviles et immédiates. Il préfère séduire et être séduit, donner et recevoir du plaisir (mais encore faut-il en être capable !), savoir reconnaître et accepter la partie « féminine » et « maternelle » qu'il y a en chacun de nous et la laisser s'exprimer naturellement.

Un chat doux et affectueux fait resurgir l'enfant qui est en chacun de nous, ainsi que toute cette envie de jouer et de tendresse que la vie parfois ne nous permet pas d'exprimer (Photo Peroni)

reine et de battre les « méchants », d'être à l'abri des dangers, des frustrations et des désillusions, peut également être d'un grand secours. L'objet de transition est un moyen d'accéder à ce merveilleux règne : il peut être une couverture, un jouet adoré ou l'animal de la maison.

C'est ainsi que Minou se transforme en Chat botté : nous pouvons lui confier nos problèmes, il nous aide à vaincre les ogres qui nous terrifient et nous permet de redevenir le souverain de notre royaume privé. Combien d'enfants anxieux ont vaincu leur peur de l'obscurité et de la nuit en s'endormant avec leur chat dans les bras, lequel ronronne tandis qu'ils leur parlent doucement sous les couvertures ! Et avec quelle délicatesse le chat sait-il attendre que l'enfant soit profondément endormi, avant de sortir délicatement de son lit, pour s'en aller vaquer à ses affaires personnelles ! Adultes, nous pouvons encore nous permettre de rentrer dans le monde des fables, et fuir le stress et les amertumes de la vie quotidienne, en nous laissant guider par notre chat, ce Peter Pan poilu qui, en se frottant à nous, joue contre joue, nous permet de faire quelques concessions avec l'enfant qui sommeille en nous.

LE CHAT ET LA *PET THERAPY*

Le chat dispense à profusion douceur, chaleur et affection...

Comme chacun sait, la compagnie d'un animal améliore la qualité de la vie et, dans certains cas, facilite et accélère le processus de guérison de certaines pathologies. Tel est le but de la *pet therapy*, qui associe les animaux à la traditionnelle thérapie médicamenteuse : chiens, chats, chevaux, ânes, lapins, cochons d'Inde, perroquets, perruches, poules et même des dauphins.

Cette thérapie particulière est très courante aux États-Unis et commence à se répandre largement en Europe, et surtout en France.

On l'applique plus particulièrement pour aider les enfants ayant subi des abus ou souffrant de troubles émotionnels, des enfants hospitalisés pour différentes raisons, des individus souffrant d'autisme ou de troubles de la croissance, des personnes soumises à des traitements de récupération physique ou des handicapés permanents, des personnes âgées admises en institut, des malades en phase terminale, des victimes de violences domestiques, des jeunes à risque souffrant de pathologies sociales.

■ PETITE CHRONOLOGIE DE LA *PET THERAPY*

1953 : le pédopsychiatre Boris Levinson réalise aux États-Unis une expérience éclairante. Son chien Jingles passe habituellement la matinée dans son bureau, à ses côtés, tandis qu'il travaille. En revanche, l'après-midi, le chien reste dans le jardin. Un matin, un enfant souffrant d'autisme arrive dans son bureau avec ses parents ; le chien, qui comme d'habitude se trouve dans le bureau, court vers l enfant, le sent, lui tourne autour pour attirer son attention, et fait en sorte de le faire réagir (en général les enfants autistes ne sont absolument pas réactifs). Le docteur Levinson décide, après cet épisode, d'utiliser les animaux dans le traitement des enfants souffrant de problèmes psychiatriques et crée une nouvelle technique thérapeutique qu'il appelle *pet therapy*.
Il publie ensuite *Psychothérapie infantile assistée par les animaux*, dans lequel il élabore quelques théories sur l'utilité de l'interaction avec les animaux. Dès lors, la psychiatrie traditionnelle subit un profond renouveau, qui voit les animaux, jusqu'alors relégués comme sujets d'expérimentations dans les laboratoires, devenir les coprotagonistes du processus thérapeutique et de guérison aux côtés des patients et des médecins.

1970 : un hôpital psychiatrique américain adopte le chien Skeezer et obtient de bons résultats sur des enfants hospitalisés.

1973 : le docteur Codroret, vétérinaire français, commence à utiliser des animaux pour aider les enfants souffrant de problèmes linguistiques et relationnels.

1974 : d'autres psychiatres, après le docteur Levinson, adoptent, approfondissent et développent ses théories, comme par exemple les époux Corson. On décide d'introduire des animaux dans les prisons et dans les hôpitaux psychiatriques.

1977 : la *pet therapy* se développe considérablement, puisqu'elle est étendue du champ des pathologies psychiatriques aux soins des pathologies organiques, telles que l'infarctus du myocarde et l'hypertension artérielle.

1981 : la Delta Society est fondée aux États-Unis ; cette association a pour but d'étudier les interactions entre l'homme et l'animal, et les possibles effets thérapeutiques de cette interaction.

1987 : la *pet therapy* se diffuse grâce à une convention consacrée au rôle des animaux dans la société. Elle suscite un intérêt de plus en plus grand et s'affirme comme outil de travail d'un grand secours pour les médecins.

1992 : quelques chercheurs en Australie démontrent qu'un individu vivant avec un animal a une meilleure qualité de vie. La sensibilité croissante à l'égard d'une médecine holistique, qui prend soin de l'homme dans sa globalité, par une approche « douce », basée sur la considération des émotions et des sentiments, voit favorablement la revalorisation des animaux et leur rôle dans le bien-être de l'homme, de la prévention et du soin de nombreuses maladies.

LES ANIMAUX LES PLUS ADAPTÉS

Certaines espèces d'animaux sont plus adaptées que d'autres à venir en aide aux personnes ayant différents types de difficultés. Au-delà du type de l'animal, ce qui est fondamental c'est sa disposition affective et sa nature. Pour évaluer les aptitudes des « animaux-thérapeutes », la Delta Society a mis au point des tests d'évaluation pour s'assurer que :

• Les sujets soient sains et dépourvus de parasites.
• Les sujets aient la capacité d'être sous le contrôle de leur maître et soient en mesure d'obéir aux ordres de base.
• Les sujets réagissent positivement dans des situations types en simulation.

L'animal doit plus particulièrement permettre à un étranger amical de s'approcher et de parler avec son maître ; il doit se laisser toucher, brosser, examiner, promener en laisse, supporter de se retrouver au milieu de la foule, se

Un chat équilibré et tranquille, sociable, affectueux sans être déchaîné et trop vif est un compagnon idéal pour les personnes en difficulté : un chartreux velouté est parmi les plus chaudement recommandés (Photo Zermiani)

S'occuper d'un chat serein, prendre soin de lui, le caresser peut représenter une véritable thérapie pour les personnes seules, âgées, souffrant de problèmes affectifs et comportementaux (Photo Studio Fotografico Image, Brescia)

laisser porter dans les bras par un étranger, réagir sans agressivité en présence d'un autre chien, rester confiant même face à des situations perturbantes, accepter de se laisser caresser même d'une manière un peu gauche, accepter d'être retenu, rester tranquille même en présence d'une personne se comportant de manière étrange et s'approchant de lui, ne pas s'offenser si quelqu'un se montre fâché, supporter d'être bousculé, supporter des personnes qui s'attroupent autour de lui et veulent le caresser, supporter d'être laissé en compagnie d'une personne qu'il ne connaît pas, être sociable.

Les animaux jouent un rôle fondamental pour satisfaire le besoin de relations affectives de l'homme et favorisent un équilibre psychoaffectif sain. Dans cette optique, le chat a un rôle de premier plan. Il vit facilement dans les maisons, même petites, de l'homme moderne ; il est suffisamment autonome pour ne pas exiger trop d'entretien et de responsabilités, mais il est en même temps un compagnon de vie idéal, joyeux et affectueux. Le seul fait de l'observer, dans ses postures élégantes, agiles, et parfois comiques, engendre la sérénité et la bonne humeur. Le chat est le compagnon idéal pour celui qui souffre de dépression, manque de confiance en soi, vit seul et malheureux.

Le chat, comme les autres animaux de compagnie, aime son maître de manière inconditionnelle. Il lui permet ainsi de se détendre, d'être lui-même, libéré de ses inhibitions ; pour les personnes ayant eu des problèmes dans leur vie affective et relationnelle, cette relation est très gratifiante et non pas difficile et risquée comme peut l'être une relation avec d'autres personnes. Le chat leur donne l'opportunité de jouer, se distraire, faire un peu d'exercice physique, parler, rire. Il allège ainsi le stress, au grand bénéfice de leur santé mentale et physique. Le chat agit véritablement comme un médicament à l'action psychosomatique grâce à sa fonction ludique.

LES BIENFAITS THÉRAPEUTIQUES D'UN CHAT DE COMPAGNIE

Grâce au bien-être que procure la compagnie du chat, le maître voit augmenter ses défenses immunitaires, ce qui favorise le processus d'amélioration et de guérison.

Le chat, grâce à son affection et sa joie, donne envie de vivre et de se sentir bien. Il a été prouvé que la compagnie d'un chat donne des résultats considérables non seulement dans les cas de pathologies psychiatriques, mais également dans les cas d'hypertension artérielle et d'infarctus du myocarde. En effet, observer le chat, le caresser, lui parler dans un contexte serein de non-compétitivité, provoque immédiatement une chute de la pression artérielle.

Le mécanisme en jeu est un processus de type affectif et émotionnel. Le professeur Benson de l'Université de Harvard a mené des études sur la relation entre les émotions, la relaxation et leurs résultats bénéfiques. L'état de relaxation qui dérive de la compagnie d'un animal provoque des changements du point de vue physiologique : le rythme cardiaque ralentit, le rythme respiratoire diminue, les muscles se détendent. Ceci explique l'amélioration de certaines pathologies de l'appareil locomoteur grâce aux animaux. L'état de relaxation coïncide avec la diminution de production d'adrénaline et d'hormones corticoïdes (les hormones du stress) produites par le corps en réponse à des situations de crise. Les émotions positives en outre stimulent la production d'endorphine, qui permet de supporter les stimulus douloureux et renforcent le système immunitaire, permettant ainsi d'affronter victorieusement les maladies infectieuses.

Vivre avec un chat, qui en général nous choisit, et ne se fait pas choisir, suscite des sentiments forts, tels que l'amour, la crainte, la curiosité, la tendresse. Le professeur Ballarini de l'Université de Parme définit le chat comme « un animal émotionnel, qui charme celui qui le rencontre ». Par rapport à d'autres animaux, il parvient à provoquer des émotions très intenses au premier regard, grâce à ses yeux si particuliers dans leur forme, profondeur et couleur, qui observent directement leur interlocuteur ; la disposition frontale de leurs yeux ressemblent plus au regard humain que la disposition latérale du chien, du cheval et des dauphins par exemple.

Le chat a également d'autres caractéristiques qui donnent envie de le poser sur son ventre et de le caresser : il est petit, moelleux et naturellement propre. Cela le rend particulière-

Le ragdoll, appelé également « poupée de chiffon », est la race résumant le mieux toute l'émotion et l'affection que l'on peut donner à un chat (Photo Rodriguez Lo Savio)

ment apte à la vie avec des personnes âgées ou avec des difficultés psychomotrices qui ne pourraient pas entretenir des animaux plus exigeants. Le tenir dans ses bras est très apaisant, car il ne sue pas et exprime clairement sa satisfaction en ronronnant. Le chat suscite la bonne humeur, rien qu'en l'observant jouer tout seul ou avec d'autres chats ou d'autres animaux. Sa présence permet également d'améliorer nos rapports avec les autres car il peut devenir un sujet de conversation et un passe-temps agréable pour les personnes âgées.

On utilise également les chats dans le traitement des enfants souffrant de pathologies visuelles, car ils leur permettent, à travers le toucher, de prendre conscience des formes et de percevoir l'odeur, la chaleur, le moelleux du chat ainsi que les vibrations agréables qu'ils dégagent en ronronnant.

S'occuper d'un chat peut être un moment très important et utile pour les enfants souffrant de problèmes psychophysiques, car il leur permet d'augmenter leur confiance en eux en constatant leur propre capacité à le nourrir et à lui apporter les soins dont il a besoin.

Les chats ont également obtenu des résultats positifs dans le traitement de réinsertion des détenus. Ils agissent dans ce contexte comme des stimuli positifs pour renouer des relations interpersonnelles car avoir un chat permet de redécouvrir les rapports affectifs ; en outre leur pouvoir calmant permet de faire tomber les agressivités et les tensions ambiantes. L'élevage des chats, au-delà du plaisir en soi de s'occuper d'un animal aussi agréable, peut aider les détenus à rétablir un rapport équilibré avec la société. Les chats sont particulièrement adaptés à ce type de traitement car ils s'adaptent très bien à la vie en milieu clos, ils sont propres et peu exigeants.

Pour toutes ces qualités, et en particulier l'extrême propreté, les chats se sont révélés particulièrement adaptés aux traitements des patients souffrant de très graves problèmes d'immunodéficience, comme le SIDA.

CONCLUSION

ILa relation avec un chat n'est pas aussi simple et immédiate qu'elle semble l'être. Pour établir avec lui un rapport normal, équilibré et sécurisant, il convient de développer une attitude de respect envers l'animal, en reconnaissant sa personnalité et sa différence.
Il faut éviter toute attitude autoritaire, violente ou méprisante pour au contraire adopter un langage comportemental commun : la capacité d'éprouver douleur, peur, satisfaction... On comprend alors l'importance d'aborder le chat avec une curiosité respectueuse, en dépassant les préjugés et les intolérances, en apprenant à interpréter ses signaux et ceux que nous lui envoyons. Pour bien connaître son chat, on doit apprendre à l'observer en silence, en faisant appel à tous ses sens. Son langage se compose en effet d'un ensemble de signes (vocaux, comportementaux, cinétiques), utilisés pour différen-

Photo Santi

tes raisons (recherche du partenaire, évocation des soins parentaux, mise en scène des conflits, peur, attention, agressivité, jeu). Ces signaux ont pour but de communiquer avec des sujets de la même espèce (intraspécifiques) ou d'espèces différentes (interspécifiques).

Pour décoder les signaux émis par le chat, on ne peut pas passer outre quelques notions de base de son histoire évolutive, de son éthologie et de sa physiologie. Il est en effet important de savoir d'où vient le chat, qui sont ses ancêtres et ses parents les plus proches, quel est son mode de vie dans la nature et comment il s'est modifié pour vivre dans notre habitat, comment est fait son organisme et comment il fonctionne.

D'un point de vue zoo-anthropologique, on doit tenir compte du rapport entre l'homme et l'animal pour comprendre pourquoi le chat a accepté de vivre avec nous et pourquoi nous-mêmes nous acceptons de vivre avec le chat. Naturellement l'homme et l'animal tirent tous deux avantage de cette relation. En ce qui concerne le chat, son attente est certainement liée à ses fonctions vitales et, dans le meilleur des cas, à la qualité de sa vie. Pour l'homme, on peut certainement dire la même chose à la lumière de ce qui a été dit dans le chapitre consacré à la *pet therapy* : la compagnie d'un chat peut allonger notre durée de vie et certainement améliorer la qualité de notre vie.

Nous vivons avec un chat essentiellement pour des raisons d'ordre psychologique (il peut être un soutien), relationnel (il développe notre capacité à communiquer), affectif (il répond à nos besoins affectifs et émotionnels) ; pour un motif d'assistance (il peut avoir un rôle thérapeutique), ludique (il représente une occasion de jouer et de se détendre), substitutif (il peut combler l'absence de certaines personnes ou de liens affectifs).

Nos besoins, nos attentes, nos projections et nos problèmes ne doivent pas cependant conditionner nos relations avec notre chat, qui, ne l'oublions pas, a ses propres besoins et ses propres droits. Son bien-être dépend avant tout de notre capacité à le reconnaître comme un animal, ayant son langage, son territoire, ses moments, ses exigences, son style de vie. Reconnaître sa différence, son « être chat », est le meilleur moyen de lui montrer tout notre amour.

GLOSSAIRE

Adrénaline : hormone sécrétée par la glande médullo-surrénale, agissant particulièrement sur la pression artérielle, les battements du cœur et la ventilation des poumons ; sa sécrétion augmente dans des situations de stress.

Agouti : gène porteur de la couleur sauvage, qui détermine une ou plusieurs bandes jaune rougeâtre sur le poil noir.

Alopécie régionale : maladie inflammatoire caractérisée par la perte de plaques de poil.

Alpha : en éthologie, sujet dominant et agressif.

Anœstrus : période de pause dans l'activité cyclique de la femelle, en général en automne et en hiver.

Anorexie : absence pathologique d'appétit.

Apprentissage : modification relativement durable du comportement attribuable à l'expérience du sujet.

Benzodiazépine : substance organique azotée utilisée en thérapie comme médicament anxiolytique, myorelaxants, et favorisant le sommeil.

Blotched : robe tabby à grands dessins.

Boîte de transport : petite cage servant à transporter le chat confortablement et en toute sécurité.

Castration : ablation chirurgicale des testicules.

Chaleur : période de réceptivité sexuelle de la femelle, œstrus.

Chatière : ouverture dans la partie inférieure des portes et des fenêtres qui autorise le passage des chats.

Cobby : désigne la forme ronde et massive du corps du chat.

Colostrum : liquide produit pendant les deux jours après la mise bas, riche en protéines et en anticorps, appelé aussi « premier lait ».

Corticostéroïdes : hormones produites par le cortex surrénal, comme la corticostérone, qui augmentent le taux de sucre dans le sang, facilitent la fonte des graisses et des protéines, et ont un effet anti-inflammatoire.

Coussinets plantaires : peau douce et dépourvue de poils située sous les pattes.

Coussinets porte-moustaches : petite zone proche du nez et située de chaque côté des mâchoires supérieures, poilue et gonflée, où naissent les moustaches.

Cycle œstral : cycle reproductif de la chatte adulte.

Cycle œstrien : succession de chaleurs pendant une partie de l'année (en général de février à octobre).

Diœstrus : période de repos entre deux cycles œstraux.

Domestication : modification de la morphologie, physiologie et du comportement d'une espèce animale, par rapport à sa forme sauvage, au bénéfice de l'homme.

Espèce : ensemble d'individus ayant les mêmes caractéristiques biologiques et morphologiques et qui, en se reproduisant, donnent une descendance féconde.

Éthologie : science qui étudie le comportement et les habitudes des animaux, et plus particulièrement leurs rapports mutuels et leur adaptation au milieu.

Évolution : transformation au cours du temps des organismes vivants, avec affirmation de nouveaux caractères transmis génétiquement.

Fel V : virus de la leucémie féline, une des principales causes de la mort des chats.

Félidés : nom de la famille taxonomique des chats.

FiP : péritonite infectieuse féline, maladie virale, toujours fatale.

FiV : syndrome d'immunodéficience féline, provoquée par un virus qui attaque le système immunitaire.

Flehmen : attitude caractéristique du chat exposant ses dents tout en rétractant sa lèvre supérieure, lorsqu'il sent une odeur d'urine.

FLUDT : connu sous le nom de syndrome urologique félin (US), il frappe tout le bas de l'appareil urinaire.

Génotype : ensemble des caractères génétiques d'un individu.

Gestation : période pendant laquelle la femelle porte son petit, période de développement du fœtus allant de la fécondation de l'ovule à la mise bas ; elle dure entre 64 et 69 jours, avec une moyenne de 66 jours.

Gonades : testicules et ovaires ; glandes reproductrices qui produisent respectivement des spermatozoïdes et des ovules, de la testostérone (testicules) et de la progestérone et des œstrogènes (ovaires).

Griffoir : accessoire de différentes dimensions permettant au chat de s'adonner librement à son activité de marquage avec ses griffes.

Grossesse nerveuse : état d'une chatte montrant des signes de grossesse après un accouplement non fertile.

Herbe à chats : herbe de la famille des Labiées (*Nepeta cataria*) aux fleurs bleues et aux propriétés médicamenteuses.

Hybridation : fécondation qui ne suit pas les lois naturelles ; fait de croiser deux espèces différentes.

Hyperthermie : augmentation anormale de la température corporelle.

Insight : intuition, perception immédiate de la signification d'un événement et d'une situation, et capacité mentale et physique à affronter et à résoudre un problème.

Interspécifique : relatif au rapport entre individus d'espèces différentes.

Intraspécifique : relatif au rapport entre individus d'une même espèce.

Kératine : protéine insoluble synthétisée par les cellules de la peau ; principal composant de la peau, du poil et des ongles.

Marquage : fait de laisser un signe ; il sert dans le règne animal à marquer son territoire.

Mélanine : pigment cutané.

Membrane nictitante : troisième paupière oculaire, placée à l'intérieur de l'œil et à l'intérieur de la paupière inférieure.

Métrite : inflammation de l'utérus.

Museau : zone qui comprend les coussinets porte-moustaches, la mâchoire et le menton.

Mydriase : dilatation de la pupille.

Myosis : contraction de la pupille.

Nystagmus : mouvement saccadé et involontaire des yeux.

Œstrogène : hormone sexuelle féminine qui stimule l'œstrus.

Œstrus : chaleurs ; période récurrente, de durée variable, durant laquelle la femelle devient sexuellement réceptive au mâle et, si elle s'accouple, elle ovule (phase de ponte ovulaire).

Organe voméronasal (ou organe de Jacobson) : organe sensoriel, situé au-dessus du palais dur, entre la bouche et la cavité nasale.

Ovariectomie : ablation d'un ou des deux ovaires.

Pattern : schéma, modèle de référence.

Pet therapy : utilisation de l'animal pour faciliter le processus de guérison de certaines pathologies organiques et psychiques.

Phénotype : ensemble des caractères apparents d'un individu.

Phéromone : sécrétion odorante qui, perçue par un autre individu de la même espèce, provoquera chez lui un comportement spécifique.

Pica : goût morbide pour des substances non comestibles.

Piloérection : manifestation d'une émotion brutale, l'animal hérisse son poil.

Polyurie : augmentation anormale du volume des urines.

Prédation : comportement de chasse qui précède la capture de la proie et même sa mise à mort.

Prœstrus : période de l'activité folliculaire qui suit l'œstrus.

Progestérone : hormone sécrétée par le corps jaune de l'ovaire après l'ovulation, ou par le placenta, pour préparer l'utérus à la gestation.

Prolactine : hormone produite par l'hypophyse, qui stimule et maintient la production de lait.

Proœstrus : période précédant l'œstrus.

« Queue de l'étalon » : expression utilisée pour indiquer une production excessive de sébum de la glande caudale du chat mâle non castré.

Race : ensemble des individus d'une espèce animale qui peuvent se différencier les uns des autres par des caractères propres, transmissibles de génération en génération.

Réflexe ovulatoire : phase de ponte ovulaire suite au coït (typique de la chatte).

REM (Rapid Eye Movement) : phase du sommeil, peuplée de rêves, au cours de laquelle les yeux effectuent des mouvements rapides.

Sébum : substance grasse semi-fluide sécrétée par les glandes sébacées de la peau.

Spotted : dessin tabby avec des petites taches rondes.

Standard : description de l'ensemble des caractéristiques qui distingue une race : taille, couleur et/ou dessin de la robe, longueur et type de poil, couleur et forme des yeux, type d'oreilles, forme du corps, des pattes, de la queue, et de la tête, type de queue, caractère.

Stérilisation : suppression de la capacité à se reproduire.

Superfécondation : fécondation d'ovules au cours de plusieurs accouplements pendant le cycle ovulatoire, ce qui implique qu'une portée de chatons peut avoir différents pères.

Superfétation : une portée commence son développement avant la mise bas de la portée précédente. Plusieurs portées d'âges différents sont donc en gestation simultanément.

Tabby : moiré, se dit d'un chat dont la robe est rayée ou tachetée.

Tapetum lucidum : tapis réfléchissant sous la rétine qui fait briller les yeux du chat dans le noir.

Taurine : acide aminé essentiel au chat pour une bonne croissance et un bon fonctionnement de la rétine et du cœur.

Testostérone : hormone sexuelle masculine, produite par les testicules.

Thiamine : vitamine B_1.

Ticking : tipping, pigmentation du poil, sur la seule extrémité ou en bande.

Tigré : il s'agit d'un dessin tabby à rayures.

Transitionnelle : passage d'une phase de l'évolution psychoaffective à une autre.

Truffe : zone terminale du nez, dépourvue de poils.

Vibrisses : moustaches, poils sensitifs chez les mammifères, liés à des terminaisons nerveuses.

Zoo-anthropologie : science qui étudie les interactions entre l'homme et les animaux.

Sources

Bobis L., *Les neuf vies du chat*, Découvertes Gallimard Histoires naturelles, 1991

Band Brunetti M., *Le Grand Livre des chats de race*, Éditions De Vecchi, 2000

Desachy Dr et Soriano B., *Comment choisir son chat*, Éditions De Vecchi, 1998

Fermé Fradin Dr, *Bien vivre avec son chat*, Éditions De Vecchi, 2001

Kunz M., *Le monde est chat*, 1987

Olivier C., *Comment élever, nourrir et éduquer son chat*, Éditions De Vecchi, 1999

Table des matières

Achevé d'imprimer en février 2007
à Milan, Italie,
sur les presses de Grafiche Milani

Dépôt légal : février 2007
Numéro d'éditeur : 9942